주식 PER

종목 선정 활용법

The Essential PE by Keith Anderson
Copyright ⓒ Harriman House Ltd
Originally published in the UK by Harriman House Ltd in 2012, www.harriman-house.com
Korean Translation copyright ⓒ 2017 by BOOKON(KIERI)
This translation published under license with original publisher Harriman House Ltd through
Amo Agency, Seoul, Korea

이 책의 한국어판 저작권은 AMO에이전시를 통해 저작권사와 독점 계약한 부크온에 있습니다.
신저작권법에 의해 한국 내에서 보호를 받는 저작물이므로 무단 전재와 무단 복제를 금합니다.

주식 PER 종목 선정 활용법

1쇄 2017년 9월 30일
2쇄 2018년 2월 28일

지은이 키스 앤더슨
옮긴이 김재영

펴낸곳   (주)한국투자교육연구소 부크온
펴낸이   김재영, 김인중
편집   권효정, 이승호
주소   서울시 영등포구 은행로 58 삼도오피스텔 1303호
전화   02-723-9004   **팩스** 02-723-9084
홈페이지 www.bookon.co.kr
블로그   blog.naver.com/bookonblog
이메일   book@itooza.com
출판신고 제322-2008-000076호(2007년 10월 17일 신고)

ISBN 978-89-94491-66-0 13320

◆ 부크온은 (주)한국투자교육연구소의 출판 브랜드입니다.
◆ 파손된 책은 구입하신 곳에서 교환해 드리며, 책값은 뒤표지에 있습니다.
◆ 무단전재나 무단복제를 금합니다.

이 도서의 국립중앙도서관 출판시도서목록(CIP)은 e-CIP홈페이지(http://www.nl.go.kr/ecip)와
국가자료 공동목록시스템(http://www.nl.go.kr/kolisnet)에서 이용하실 수 있습니다.
(CIP제어번호 : CIP2017023032)

THE ESSENTIAL P/E
Understanding the stock market through the price-earnings ratio

주식 PER
종목 선정 활용법

키스 앤더슨 지음 | 김재영 옮김

iTOOZA 부크온 BookOn

차 례

감사의 글 ▪ 9
추천사 ▪ 10
이 책의 구성과 주요 내용 ▪ 15
들어가는 글 ▪ 19

제1부 PER은 무엇인가? ▪ 25

우리가 PER에 관심을 갖는 이유는 자명하다. '유용한' 투자 도구이기 때문이다. 물론 그 유용함의 정도에는 투자자마다 체감 온도가 다를 수는 있다. 하지만 확실한 팩트는, PER이 100여 년의 역사를 갖고 있으며 향후에도 그 영향력을 여전히 행사할 것이라는 점이다. PER에 관한 기본적 사항들을 짚어보고, 실제 재무제표를 이용한 PER 계산법 또한 소개한다.

Chapter 1 PER은 왜 투자자에게 소환되었나? ▪ 27
– 길고도 짧은 PER의 역사

Chapter 2 PER에 사용되는 '이익'은 무엇일까? ▪ 33
– 정의에 따라 달라지는 이익

Chapter 3 PER과 PER의 역수는 어떤 의미가 있나? ▪ 43
– PER과 이익수익률의 기본 활용법

Chapter 4 EPS와 PER 계산하기 ▪ 52
– 실제 재무제표를 활용한 사례

제2부 밸류 프리미엄과 PER   ▪ 57

투자자들의 공통된 고민은 가격 결정의 합리성에 관한 것이다. 이는 주식의 수익률과 고스란히 맞닿아 있는 문제다. 효율적 시장론자들의 모델과 이와는 반대된 입장의 모델, 그리고 이 둘의 절충안이라고 할 수 있는 모델에 이르기까지 주장은 다양하다. 여기서 눈여겨볼 것은, 인기주는 시장수익률을 밑돌고 가치주는 시장수익률을 웃돈다는, 변하지 않는 사실 하나다.

Chapter 5 가치투자로 시장을 이기다   ▪ 62
— 밸류 프리미엄을 증명한 투자대가들

Chapter 6 효율적 시장과 비이성적 투자자   ▪ 84
— PER 효과는 여전히 수수께끼

Chapter 7 PER을 홀대한 파마와 프렌치   ▪ 101
— 3요인 모델의 소형주 효과와 가치주 효과

Chapter 8 가치투자자들의 반격   ▪ 109
— 가능성을 보여준 PER 효과

제3부 업그레이드 PER 버전 ▪ 117

그간 투자 수익을 향상시키기 위한 무수한 노력들이 있어 왔다. 그 가운데서도 상대적으로 간단한 조정을 거치거나 아예 다른 수치들을 함께 적용한 사례들이 특히 주목되는 대목이다. 요컨대 훨씬 강력한 '무기'로 변모한 PER을 만나볼 수 있는 자리다. PER을 활용한 다양한 업그레이드 버전들을 살펴보고, 각각의 특장점을 따져본다. 또 버전별 수익 예측도 정리한다.

Chapter 9 **3가지 PER 활용 방안** ▪ 120
  - 투자 수익을 향상시키는 간단한 버전들

Chapter 10 **성장주 발굴을 위한 PEG 비율** ▪ 127
  - 미래는 예측 가능한가?

Chapter 11 **장기 PER의 수익 예측력** ▪ 137
  - PER의 단기 편향 해결

Chapter 12 **분해 PER과 4가지 요인** ▪ 150
  - 요인별 PER 영향력 분석

Chapter 13 **네이키드 PER과 집중투자** ▪ 168
  - 욕심쟁이 투자자를 위한 경고의 이야기

Chapter 14 **업그레이드 PER 버전의 효과** ▪ 180
  - 버전별 수익 예측력 정리

제4부 PER을 활용한 투자 거장 3인의 종목발굴법 ▪ 183

대가들은 한 가지 공통점이 있다. 편법보다는 원칙을 명확히 한다는 점이 그것이다. PER을 활용한 투자 거장들의 종목발굴법 역시 마찬가지다. 모양새는 제각각이지만 지향하는 바는 하나다. 다른 어떤 것이 아니라 수치에 따라 투자할 수 있으면, 그 결과는 의심의 여지가 없다는 것이다. 그러니 걱정하지 말고 PER을 최대한 잘 활용하라고 강조한다.

Chapter 15 벤저민 그레이엄의 투자공식 ▪ 187
— PER과 안전마진

Chapter 16 조엘 그린블라트의 마법공식 ▪ 193
— 이익수익률과 자본수익률의 조합

Chapter 17 조셉 피오트로스키의 F스코어 ▪ 198
— F스코어와 업그레이드 PER 합성 전략

책을 끝내며 — 핵심 포인트 및 당부의 말 ▪ 220

역자 후기 ▪ 227
용어 정리 ▪ 230
이 책에 등장하는 인물들 ▪ 240
참고문헌 ▪ 241
부록 ▪ 245

일러두기
1. 이 책에서 PER은 '주가수익비율'로 통일한다. 금융권에서는 '주가수익배수'나 '주가수익배율'로도 통용되고 있다.
2. PER에 따라붙는 국어 조사는 '피이알' 발음에 맞춰 통일한다. 예를 들어 주격 조사는 'PER이', 'PER은'으로 쓰고, 목적격 조사는 'PER을'로 쓴다.

/ 감사의 글 /

 이 책의 초안에 많은 도움을 준 리처드 베다드에게 감사를 전한다. 해리만 하우스의 스티븐 엑케트와 수잔 앤더슨은 이 책을 제안하고 인내심 있게 지켜보면서 지지를 보내줬다. 이 책의 추천사를 흔쾌히 써준 워너 드 봉에게도 감사를 전한다. 그는 벤저민 그레이엄의 『현명한 투자자』와 데이비드 드레먼의 책들과 궤를 함께하는 1985년 논문 「주식시장은 과잉반응을 하는가?Does the Stock Market Overreact?」를 리처드 탈러와 함께 발표했다. 이 논문은 필자에게 효율적 시장에서조차 가격이 잘못 매겨지는 경우가 아주 흔하다는 사실을 확신시켜줬다.

추천사

재무 분야에서 가격과 가치의 관계만큼 많이 다루어진 주제는 없을 것이다. 그중 하나는 주식의 가격과 그 회사의 주당 순이익의 비율, 즉 이른바 PER(주가수익비율)을 검토하는 것이다. 몇몇 시장에서 나온 자료에 따르면 저PER 주식들(가치주)은 고PER 주식들(인기주 혹은 성장주)에 비해 꽤 높은 수익률을 보인다. 이 책은 왜 이런 현상이 일어나는지에 관해 다루고 있다.

많은 사람들이 목도했듯이, 투자자들은 곧잘 흥분하고, 이 때문에 자산 가격은 종종 과대평가되곤 한다. 주식의 가격은 회사의 기본 가치(말하자면 회사의 수익력earnings power)에 의해 정당화될 수 있는 수준보다 주기적으로 너무 높거나 혹은 너무 낮게 책정된다. 이런 '오작동'은 전체 시장 차원과 개별주식 차원 둘 모두에서 나타난다. 지난 몇 년 동안의 경험을 통해 주식이나 부채, 부동산 그리고 여타 시장에 발생한 투기적 거품은 세계 경제에 막대한 피해를 끼칠 수 있다는 점이 분명해졌다. 비이성적 과열은 극단적 파멸로 귀결됐다. 그럼에도 불구하고 주식 가격의 일상적인 오작동은 주식시장 참여자들에게 흥미로운 수익 기회를 제공하기도 한다.

이 책에서 키스 앤더슨 박사는 PER과 투자전략에 관한 과거 연구를 전문가답게 요약해준다. 이 책은 영국 자료를 사용한 통계 분석과 함께 행태적behavioral 자산 가격결정에 관한 학문에 크게 기여했다. 게다가 이 책은 실제 투자에도 쓸모가 있다. 그는 투자자를 위해 효과적인 PER 전략을 설명한다.

내 견해로는 저PER 투자의 성공이 시간이 흐르면서 사라질 것이라는 걱정을 할 필요는 없어 보인다. 그럼에도 일반적인 1년 PER은 여전히 한계를 가지고 있다. 앤더슨은 PER을 업그레이드시켜서 위험은 통제하면서도 좀 더 강력한 미래 수익률 예측도구로 바꾸는 방법을 분명히 밝히고 있다. 많은 독자들이 통찰력이 넘치는 이 책으로부터 혜택을 받을 것이라고 확신한다. 저자의 성과물에 경의를 표하는 이유다.

앤더슨의 실증적인 분석과 현실성 있는 조언은 지난 80여 년 동안 이루어진 일련의 과학적 검증을 아우른다. 수십 년간 주가는 무작위로 움직인다고 인식되었다. 역설적으로 대다수 연구자들은 수익률의 예측 불가능성을 월스트리트의 합리성에 대한 증거로 인식했다. '효율적 시장 이론'에서는 주가는 모든 정보를 빨리 그리고 정확히 반영해야만 한다. 만약 이런 가정이 옳다면 사람들을 깜짝 놀라게

할 뉴스만이 오로지 가격에 영향을 끼칠 수 있다.(그 뉴스가 부정적이든, 긍정적이든 간에)

그렇지만 상당수 아마추어 투자자나 전문 투자자들은 계속해서 재무 보고서로 학습하고 있고, 초과 성과를 기대할 수 있는 매매법을 찾고 있다.

1934년 벤저민 그레이엄과 데이비드 도드가 공동 저술한 투자자들의 바이블 『증권분석Security Analysis』은 PER을 포함해서 활용 가능한 방법들을 상세히 설명했다. 한참 시간이 지난 후인 1949년 그레이엄은 『현명한 투자자Intelligent Investor』를 펴냈다. 이 책은 현재까지도 여전히 판매가 되고 있는데다, 비전문가가 활용하기 좋도록 기본적인 투자 원칙들을 살펴보는 좀 더 간결한 책이다. PER을 일반 대중들에게 소개한 책이 바로 『현명한 투자자』인 셈이다.

오랫동안 그레이엄과 그의 추종자들은 학계에 "효율적 시장 이론과 합리적 세계관을 포기해야 한다"는 점을 확신시키지는 못했다.[1] 그러나 1970년대 후반 이래 꼼꼼하게 실행된 새로운 통계 연구를 통

---

[1] 주목할 만한 몇 가지 예외가 있다. 존 버 윌리엄스는 저서 『투자 가치론(The Theory of Investment Value)』에서 증권의 가격이 "현재의 수익력에 너무 많이 연관되는 반면, 장기적 배당 지불 능력에는 너무 적게 연관된다"고 주장했다.(1938, 19쪽). 또한 1920년대의 거품 시기와 그 후 잊을 수 없는 붕괴를 경험한 존 메이너드 케인스는 『고용, 이자 및 화폐의 일반이론(The General Theory of Employment, Interest and Money)』에서 "현재 투자의 수익률에서 매일 매일의 변동은, 분명히 덧없이 짧은 것인데도, 결코 중요하지 않은 특징인데도, 시장에 대해서 매우 과다하고 심지어 터무니없을 정도의 영향력을 가지고 있다"고 했다(1936, 153~154쪽). 훨씬 더 앞서서는 경제학자이자 논리학자인 윌리엄 스탠리 제번스가 이렇게 지적했다. "일반적인 상식으로 봐도, 다른 사람들이 하는 대로 하는 것은 바보 같은 짓이다. 똑같은 짓을 하는 사람들이 엄청나게 많다는 것은 말하나 마나이기 때문이다."

해 주가 움직임에 뚜렷한 패턴이 있다는 것과 주가와 가치는 따로 놀 수도 있다는 것을 발견하게 되었다.

주가의 주된 변동은 보통 기업의 이익과 관련해 광범위하게 퍼져 있는 예상된 변화와 맞물려 있다. 그 이익의 변화란 것이 수년 후에 실현될 수도 있고, 아닐 수도 있지만 말이다. 이런고로 PER은 미래 이익 성장의 예측 지표가 된다.

그러나 유감스럽게도 너무 많은 사람들이 개별회사나 경제 전반의 장기적인 모습에 비해 단기적 이벤트가 중요하다는 잘못된 가정을 한다.(이 때문에 애널리스트들의 이익 예측치는 너무 극단적인 경향이 있다.) 이런 예측 편향은 시장이 과민반응하는 주요한 원인이 된다.

게다가 투자자의 감정과 위험을 감지하는 능력은 최근의 가격 움직임과 밀접히 연관되어 있다. 이로 인해 많은 거래자들이 시장의 고점에서 매수하고(과잉 확신과 무모함) 시장의 저점에 매도하는(패닉) 함정에 빠진다.

과장된 가격 움직임은 언제쯤 숙명적 터닝 포인트를 맞이하게 될까? 알 수 없다. 정확히 말하자면, 매번 정확하게 예측할 수 있는 능력은 어느 누구도 얻을 수 없다.

성장주나 가치주와 일반적으로 연관되어 있는 가격 모멘텀의 상향 또는 하향은 일정 기간 지속될 수도 있다. 그러나 일단 이익이나 리스크 또는 다른 거래자들의 태도에 대한 잘못된 믿음이 팽배해지면 보통은 엄청난 양의 반대되는 뉴스(예를 들어 참담할 정도의 연이은 이익 급감)들이 수개월에 걸쳐 쏟아져 나와 대중의 정서를 억누른다.

결국 저PER 주식들로 분산된 포트폴리오가 고PER 주식 포트폴리오보다 더 높은 수익률을 올리고, 결과적으로 투자자들을 더 작은 리스크에 노출시키게 된다.

자신의 투자 성과를 향상시키려고 노력하는 것은 큰 도전이다. 그리고 대중의 견해와 반대로 가는 것, 즉 역발상 투자자 contrarian investor 가 되는 것은 그것이 결과적으로 이익이 된다고 해도 엄청난 스트레스를 유발한다.

이 책은 주가를 왜곡시키는 행태적 오류나 오해를 이겨낼 수 있는 실전 투자법은 물론 중요한 과학적 확신을 제공한다. 설레는 마음으로 이 책을 추천한다.

워너 드 봉
(행태재무학 창시자, 미국 드폴대 행태재무학센터 교수 겸 이사)

이 책의 구성과 주요 내용

누가 이 책을 읽어야 하나?

이 책은 주식투자에 대해서 이미 어느 정도 알고 있는 실제 투자자들을 주 대상으로 하고 있지만 업계 종사자나 학계에 있는 사람들에게도 적합하다.

아주 단순하게나마 이미 독자 여러분은 PER(주가수익비율)이 무엇인지 알고 있을 것이다. 이 책은 독자 여러분이 특별한 회계용어나 재무용어에 대한 사전 지식이 없다는 것을 가정하고 썼기 때문에 보통의 개인투자자라고 해도 걱정할 필요는 없다. 책에서 다루는 용어는 그때그때 설명을 하고 있다. 좀 더 자세히 알고 싶은 경우를 위해 많은 용어들, 특히 회계용어 같은 경우는 이 책의 뒷부분에 있는 '용어 정리'에서 설명하고 있다.

이 책은 또한 투자분석가, 펀드매니저, 재무학계 종사자에게도 유용하다. 만약 재무 학위나 MBA 학위를 가지고 있는 사람이라면 몇 군데에서는 설명을 너무 단순화시킨 것이 아닌가 생각할지도 모르겠다. 그럼에도 불구하고 이 책을 통해 더 많은 내용을 새롭게 배우게 될 것이다. 최상의 투자 성과를 내기 위해 PER을 활용하는 것은 결코 만만한 일이 아니다. 그러나 그 과정에 익숙해지면 흥미로운 사실을 더욱더 많이 발견하게 될 것이라고 믿는다.

이 책은 무엇을 다루는가?

이 책은 PER과 관련된 기본적 사항들을 살펴보는 것으로 시작한다. 즉, 주식 가격 형성의 원천과 함께 이익과 PER이 계산되는 방식에 관한 내용이 그것이다.

그리고 나서 밸류 프리미엄value premium을 살펴보는데, 이것은 PER을 투자 도구로 사용할 때 전체적으로 기초가 된다. 즉, 저PER 주식은 평균적으로 시장을 앞선다는 것이다.

또한 이 책에서는 효율적 시장을 믿는 사람들이 이런 불편한 사실을 애써 설명해내기 위해 제안한 몇 가지 모델을 다룬다.

그리고 만연해 있는 가격 책정의 오류를 믿는 사람들(이른바 가치투자자)이 왜 설득당하지 않는지를 다룬다. 이런 가치투자자 그룹에는 워런 버핏같은 걸출한 인물들이 포함된다. 물론 필자도 그런 부류라고 생각한다.

이 책의 나머지 절반은 PER을 구체적으로 다룬다. PER을 개선하기 위한 시도를 통해 발전된 내용들 그리고 몇 명의 유명한 가치투자자들이 PER과 다른 지표들을 어떻게 결합해서 활용하는지를 설명한다. 이를 통해 PER은 강력한 투자 도구로 변모할 수 있다.

그러나 대다수의 강력한 도구들과 마찬가지로, 다른 수치들과 같이 살펴봄으로써 그것이 진정으로 내포하는 바를 체크하지 않고, 상식을 충분히 고려하지 않는다면 제멋대로인 도구가 되고 말 것이다.

이 책의 구성

1부에서는 아주 간단히 PER의 역사를 소개한다. 그리고 나서 투자분석학으로 학위를 받지 않은 대다수 독자들을 위해서 기업의 이익과 PER이 어떻게 계산되는지를 구체적으로 살펴본다. 이 책에서는 전체적으로 자동차 매뉴얼 출판사 헤인즈Haynes를 실제 사례로 활용하고 있다. 이 회사는 아주 간결한 재무제표를 가지고 있을 정도로 매우 작은 회사이다.

2부는 밸류 프리미엄에 대한 설명과 함께 PER을 활용하는 유명한 가치투자자 몇 명을 다룬다. 또한 주식의 수익률이 어떻게 설명될 수 있는지와 관련된 효율적 시장론자들의 모델들과 이에 반대되는 모델들, 그리고 절충안이라고 할 수 있는 파마와 프렌치의 3요인 모델three-factor model을 살펴본다.

3부에서는 PEG처럼 현재 활용되고 있는 PER 개선안을 다룬다. 이어서 필자의 박사학위 논문의 주제 몇 가지를 살펴보고자 한다. 이미 학술논문으로서 발표되었지만, 이 책을 위해 최신 내용을 대폭 보강했다.

PER은 비교적 간단한 조정을 거치면 어떤 투자자의 '무기고'에서라도 훨씬 더 강력한 무기로 변모할 수 있다. 그러나 결과적으로 봤을 때는 PER의 효과를 높이기 위해서는 다른 수치들을 함께 고려하는 것이 중요하다는 사실도 확인할 수 있다.

4부에서는 두 명의 유명한 가치투자자(벤저민 그레이엄, 조엘 그린블라트)가 더욱 믿을 수 있는 가치주를 찾아내기 위해서 PER을 어떻게 다른 수치들과 조합했는지를 다룬다.

마지막 장은 좀 더 독창적인데, 믿을 수 있고 탁월한 투자 성과를 내기 위해서 회사의 재무적 안정성과 관련된, 아직은 잘 알려지지 않은 척도(조셉 피오트로스키의 F스코어)와 PER을 어떻게 결합시켜 투자에 활용할 수 있는지를 보여준다.

들어가는 글

누가 PER에 관한 책을 필요로 하는가?

최근 수십 년 동안 PER은 가장 중요한데다, 가장 잘 알려진 투자지표가 되었다. 실제로 PER은 주가와는 별도로 매일 인쇄되어 발표되는 유일한 투자 관련 수치이다. 런던의 경우 주식시장에 상장된 모든 회사는 매일 〈파이낸셜 타임스Financial Times〉의 기업 섹션에 게재되는 PER을 가지고 있다.

PER은 아주 직관적인 의미를 가지고 있다. 즉, PER은 지금 당신이 그 주식을 사기 위해서 지불하는 돈이 그 회사 이익의 몇 년 치에 해당하는 가치가 있는지를 말해준다.

PER을 집중적으로 다룬 책이 그동안 왜 나오지 않았는지 궁금해하는 사람들이 있을 것이다. 반면에 당신이 펀드매니저라면 PER은 당신이 사용하는 많은 지표 중의 단지 하나에 불과할 것이다. 당신은 종목 선정을 위해 꼭 거쳐야 할 많은 다른 투자 척도를 가지게 된다. 컴퓨터는 종목을 선별하는 과정을 거쳐 더 조사해볼 만한 가치가 있는 주식들의 리스트를 제공한다. PER은 아마도 그 과정의 일부분에서 활용될 것이다.

이 때문에라도 당신은 ROCE(투하자본수익률)나 EBITDA(이자, 세금, 상각 전 영업이익)에 관한 책을 기대하지 않듯이 PER에 관한 책도 기대하지 않았을 것이다. 오히려 금융시장의 종사자들은 PER이 '어떻게' 또는 '왜' 그렇게 계산되는지에 대한 관심이 지속되고 있다는 사실이 의아할지 모른다. 더군다나 그들은 약간만 조건을 다르게 해도 PER이 매우 쉽사리 개선될 수 있다는 점을 알고 나면 더욱더 놀랄지도 모른다.

PER에 대해 흥미로운 점

PER은 앞서 설명했듯이, 당신이 어떤 회사의 주식을 지금 소유하기 위해서 그 회사 이익의 몇 년 치를 기꺼이 지불하고자 하는지를 알려준다. 나는 15년 전에 주식투자에 처음으로 관심을 갖게 되었다. 도이치 뱅크Deutsche Bank에서의 편안하지만 따분한 생활에 염증이 난 나는 투자분석 관련 석사 학위를 취득하기 위해서 몇 년을 보냈다.

논문 주제를 찾던 나는 그레이엄과 도드의 1934년판 『증권분석』을 읽게 되었다. 그 책의 주제 중 하나는 어떤 회사의 이익 잠재력을 단지 지난해가 아니라 좀 더 긴 시간 관점에서 7~10년 정도로 확장해 전체적으로 경기 변동을 감안해야 한다는 것이었다.

이것은 당연한 얘기처럼 보였다. 그러나 수십 개의 학계 논문을 면밀히 조사한 후에, 나는 70년이 지나도록 그레이엄과 도드의 주장을 검증할 생각을 누구도 하지 않았다는 사실을 알게 되었다.

학계에서는 새로운 개념이라서 나는 지도교수에게 이런저런 부연 설명을 해야만 했다. 그런 우여곡절 끝에 수행한 제한된 테스트에서 나는 대단한 결과를 얻어냈다.

그리고 나서 투자자의 수익 예측지표로서 PER을 향상시키는 방법에 관한 연구를 박사 과정에서 계속하게 되었다. 그중 일부 내용은 이 책에서 업데이트하고 간추려서 소개한다.

뒤에서 살펴볼 장기 PER과 분해 PER만 하더라도 놀라울 정도로 할 이야기가 많고 복잡하다. 나는 요크대학과 더럼대학의 학사와 석사 과정의 학생들 수천 명에게 이 책의 많은 내용을 열정적으로 가르치고 있다.

PER을 둘러싼 이야기는 무미건조한 학계의 주제만은 아니다. 무엇보다 주식투자자에게는 개선된 PER을 사용할 수 있는 방법에 관한 실제적인 투자 지침이 될 수 있다.

PER의 한계

주식투자를 시작한 지 얼마 안 된 개인투자자조차도 PER이 명백한 한계를 가지고 있다는 것을 안다. 어떤 회사가 특별한 이유 없이 저평가 상태에 있다면 그 주식을 시장이 재평가할 때까지 참고 기다릴 인내심이 있는 사람들에겐 매력적인 투자라는 것이 저PER이 의미하는 것일 수 있다.

그러나 PER은 지난해 매출액과 지난해 총비용을 기준으로 하는 '과거'를 돌아보는 지표이다. 다시 말해 어떤 회사가 지난해 주당 1달러를 벌었다는 것이 반드시 미래에도 그만큼 벌 것이라는 것을 의미하지는 않는다.

또한 저PER은 어떤 회사가 싸게 거래될 수밖에 없는 분명한 이유가 있다는 점을 암시하기도 한다. 예컨대, 그 회사가 재무상태가 나빠서 더 싸질 수도 있고, 심지어 법정관리 상태에 들어갈 수도 있다.

다른 관점에서 살펴보자. 재무학계에서는 PER이 1990년 초반 이후로 연구자들에게 투자지표로서 거의 잊혀져가고 있다. 좋은 성과를 내줄 저렴한 종목들을 선정하는 것과 관련된 PER의 영향력은 1960년에 처음으로 발표되었지만 그 뒤로 15년이 흐르는 동안 관련 논문은 거의 나오지 않았다. 더군다나 PER은 그 자체로는 다른 유사한 도구만큼 가치주 지표로 강력하지 않은 것으로 알려지기도 했다.

특히 PER은 파마와 프렌치의 주식 수익률에 관한 3요인 모델에서도 제외되었다.(2장 참고) 최소한 학계에서는 이 3요인 모델이 다양한 형태의 주식을 보유하는 데서 예상되는 수익률을 설명하는 데 있어 가장 인기 있는 방식으로 인정받고 있다.

PER의 결점 바로 잡기

3부와 4부에서는 PER의 이런 약점들을 개선하려는 시도를 자세히 설명한다.

어떤 회사의 주가와 이익을 비교하는 것은 여전히 많은 가치투자자에게 분석의 주요한 토대가 되지만 함정 또한 적지 않다. 이 책은 PER의 약점이 어떻게 극복될 수 있는지를 설명한다.

1년 PER의 단기적 편향은 쉽게 극복된다. PER이 크게는 시장 전체의 PER, 회사 규모, 소속된 섹터 등에 의해서 영향을 받는다는 사실은 좀 더 복잡한 몇몇 '조정'을 필요로 한다.

공짜 정보를 활용해서 할 수 있는 이런 조정은 투자 가치가 있는 주식을 밝혀내는 데 훨씬 더 적합하도록 만들어주는 도구를 당신 손안에 쥐어주는 것이다.

PER의 또다른 약점은 어떤 회사가 경영상 어려운지를 알 수 없다는 것이다. '네이키드$_{naked}$ PER'의 역사에서 입증했듯이(이 책의 후반부에서 설명), 포트폴리오를 오직 하나의 지표를 기본으로 해서 만든다면, 아무리 잘 만들었다 해도 시장 붕괴 시 재앙이 될 수 있다. 다행스럽게도, 가장 위험한 주식들을 제외하도록 만들어 주는 상호보

완적인 지표들을 PER과 함께 능숙하게 사용한다면 이런 대부분의 리스크는 피할 수 있다.

특히, 업그레이드된 PER을 어떤 회사의 현재 재무적 강점을 측정하는 지표와 함께 사용한다면, 그것은 단순하지만 강력한 종목 선정 필터의 역할을 할 수 있다.

필자가 내린 최종 결론은, 회사가 보여주는 수익력의 관점에서 저평가된 데다 재정적으로 우량해서 지불 이행 능력이 있는, 이 두 가지 조건을 충족한 주식들로 포트폴리오를 구성하라는 것이다.

제 1 부

PER은 무엇인가?

1장은 투자자들이 어떻게 PER을 사용하게 됐는지에 관한 이야기로 시작한다. PER은 사용한 지 채 100년도 되지 않았지만, 실제 투자자들이 관심을 갖는 가장 중요한 투자지표가 되었다.

2장에서는 PER의 좀 더 복잡한 구성 요소인 이익$_{earnings}$에 대해 살펴본다. 시장이 주식의 가격을 시시각각 결정하는 방법은 매우 복잡하다. 그러나 PER 계산 단계에서 가격$_{price}$은 아주 간단하게 처리할 수 있다. 이에 비해 이익은 훨씬 더 복잡하다. 손익계산서의 어느 부분이 정말로 '지난해 이익'인지에 관해서는 이런저런 견해가 많다. 여기서는 그것들을 자세히 다루었다.

이익을 정의하고 나서 주가와 PER은 3장에서 다루겠다. 이익과 마찬가지로 PER을 계산하는 데는 몇 가지 다른 방식이 존재한다.

이런 모든 논의는 4장에서 헤인즈 출판사의 연차보고서를 사용해서 실제로 PER이 얼마나 효과적인지에 관해 구체적으로 살펴보는 과정에서 다시 등장할 것이다.

Chapter 1

PER은 왜 투자자에게 소환되었나?
— 길고도 짧은 PER의 역사

PER은 오늘날 세계에서 가장 보편적으로 사용되고 있는 가치평가 지표이다.

— 자넷 루터포드, 오픈대학교 교수

    PER은 오랜 역사를 가지고 있다. 그러나 PER이 주식의 가치를 평가하는 방법으로 항상 최고의 인기가 있었던 것은 아니다. 주식시장이 생기고 나서 지금부터 약 100년이 채 되지 않는 시기까지 투자자가 관심을 가졌던 지표는 '배당수익률'이었다. 한 회사를 지탱해주는 역할을 하는 '자산' 역시 중요했다.
    이 두 가지와 비교했을 때 PER은 상대적으로 최근에 두각을 나타낸 것이다. 심지어 PER이 미국에서 인기를 끈 것은 1920년대에 들어와서였다. 영국에서는 1960년대 중반까지도 여전히 배당이 중요하게 취급되었다.

20세기 초까지는 배당수익률이 왕!

1720년 남해 버블 South Sea Bubble 시기 이래 최소한 수백 년 동안 배당수익률은 주식의 가치를 평가하려는 투자자들이 사용했던 가장 핵심적인 비율이었다.

배당수익률은 간단히 말해 주식의 가격과 지난해 지급한 배당금과의 비율이다. 만약 지난해 배당금이 5달러인 어떤 주식에 100달러의 비용을 지불한다면 배당수익률은 5%가 되는데 이는 예금 계좌에 지급되는 이자율과 비슷한 개념이다. 물론 주가가 떨어진다면 원금 손실 위험을 감수해야 하지만 말이다.

미국에서는 1800년대와 1900년대 초까지 채권 발행이 주식 발행보다 3배나 많았다. 주식시장은 주요 산업이었던 유틸리티(수도, 전기, 가스 등 공공서비스산업), 그리고 대부분 철도회사 주식으로 구성되어 있었다. 이런 환경에서 배당수익률이 어떤 주식이 싼지 비싼지를 결정하는 데 주요한 지표였다는 것은 그리 놀라운 일이 아니다. 배당수익률은 곧바로 채권수익률과 비교될 수 있기 때문이다.

철도회사에 대한 관심은 비슷했지만 주식시장은 미국보다 영국이 더 잘 발달되어 있었다. 새로 발행되는 주식과 채권의 거의 대부분이 해외 주식과 해외 채권이었다는 점은 영국 주식시장이 얼마나 글로벌했는지를 보여준다.

또 하나의 흥미로운 현상은 그나마 세상 물정에 밝은 투자자에게도 낯설었던 우선주와 회사채의 성행이었다. 평판이 좋은 투자 가능

등급의 회사에서 새로 발행된 주식 가운데 투자자들이 살 수 있는 것은 우선주뿐일 때가 비일비재했다. 보통주는 창업자가 쥐고 있었다. 이 때문에 투기적인 회사들이나 보통주를 발행했다.

상황이 이렇다보니 영국에서도 투자자들이 관심을 보인 핵심적인 수치는 배당수익률이었다. 이는 현재는 IPO라고 부르는 기업공개에서 제공되는 정보가 제한적이었기 때문이다. (IPO라는 용어를 사용한 지는 20년 정도밖에 되지 않았다.) 신주를 사는 투자자가 얻을 수 있는 정보는 단지 몇 년 동안의 평균 이익, 우선주 주주들에게 배당하고 난 후 보통주 주주들이 받을 수 있는 배당금의 규모, 그리고 재무상태표 정도였다.

그 당시 공개된 정보가 제한적이었다는 사실을 감안한다면 어떤 회사의 이익에 대한 정교한 분석이 불가능하다는 것은 그리 놀라운 일이 아니다.

1920년대 미국, PER을 알게 되다

배당수익률은 1920년대 중반까지 미국에서 영향력이 있었다. PER은 1920년대 후반의 버블 시기에야 비로소 인기를 끌었다. 제1차 세계대전 이후 '이익'이 그 자체로 유명세를 탔다.

사람들은 매년 5% 정도 증가하는 배당보다는 10%나 25% 증가하는 이익에 더 관심을 가졌다. 사람들은 모두 이런 장기적인 성장이 급속한 기술의 발달에 따라 무한정 지속될 것이라고 믿었다.

미국 회사들의 회계 정보는 영국보다 더 많았으므로, 투자자들은 회사에 유보된 이익에 대해 더 잘 알 수 있었다. 사람들은 한 회사의 늘어나는 유보금에 대한 복리효과가 미래에 더 높은 배당수익률과 더 높은 주가 상승을 의미한다는 사실을 알게 됐다. 벤저민 그레이엄과 데이비드 도드는 1934년에 출간된 『증권분석』에서 다음과 같이 언급했다.

"보통주는 회사가 보여주는 이익에 전적으로 달려 있다."

영국, 1960년대에야 PER에 눈뜨다

그러는 사이 영국에서는 배당수익률이 수십 년 동안 주요 가치평가 지표로 자리 잡았다. 미국의 경우 회사 이익의 상당 부분이 분배되지 않은 채 유보된 반면 영국에서는 거의 모조리 배당금으로 지급된 것이다. 미국에서는 장기적으로 이익이 급속한 증가세를 보였던 것에 비해 영국에서는 그렇지 못했다. 이 때문에 두 가지 가치평가 방식의 차이점이 두드러지지 않았다.

상대적으로 정보가 부족했던 영국 기업의 회계 장부는 투자자에게 도움이 되지 않았다. 예를 들어 연결재무제표 작성은 1948년까지는 법적 의무 사항이 아니었다. 심지어 매출액 같은 기본적인 것도 법적으로 공시할 의무가 없었다. 이 때문에 하나의 분석보고서에서 동일 업종에 속해 있더라도 영국 기업의 경우에는 배당수익률을 주로 고려하고, 미국 기업의 경우 PER을 주로 고려하는 애널리스트들을 심심찮게 볼 수 있었다.

1965년이 되어서야 영국 투자자들도 미국과 같은 가치평가 지표를 사용하기 시작했다. 실제로 1966년 무렵 〈이코노미스트Economist〉지는 PER을 사용해 많은 영국 기업들의 가치를 평가하고 있었다.

주식시장 버블과 PER

PER은 그때 이후로 실제 투자자들 사이에서 인기를 끌고 있다. 그러나 PER은 근래 들어 두 가지 측면에서 침체되어 있다.

우선, 유진 파마와 켄 프렌치가 1990년대 초반 PBR(주가순자산비율)이 가치주의 지표로 더 낫다고 결정하고, 현재도 큰 인기를 끌고 있는 3요인 모델에서 PER을 제외한 후로는 재무학계에서의 관심이 축소되고 있다. (7장 참고)

또 한 가지는 주식시장에 버블이 끼어 있는 동안에는 PER의 효용성이 떨어진다는 점이다. 그럼에도 1920년대 미국의 버블 시기가 되어서야 비로소 PER이 투자지표로서 명성을 얻게 됐다는 점은 역설적이다. 닷컴 광풍 시기에는 비이성적인 PER이 등장하곤 했다. 예를 들어 아메리카 온라인America Online은 PER이 275배까지 올랐고, 야후

Yahoo는 무려 1,900배에 달했다.

    이처럼 수백 배 혹은 수천 배에 달하는 비이성적인 PER은 투자자에게 사상누각을 쌓고 있다고 경고해주는 것이나 다름없다. 그러나 버블 시기에는 투자자들이 결코 듣고 싶어 하지 않는, 바로 그런 소리에 불과할 뿐이다.

▶▶ 핵심 포인트 ◀◀

- ☑ 주식시장이 생기고 나서 지금부터 약 100년이 채 되지 않는 시기까지 투자자가 관심을 가졌던 지표는 배당수익률이었다.
- ☑ 배당수익률은 1920년 중반까지 미국에서 영향력이 있었다. PER은 1920년대 후반의 버블 시기에야 비로소 인기를 끌었다.
- ☑ 1965년이 되어서야 영국 투자자들도 미국과 같은 가치평가 지표를 사용하기 시작했다.
- ☑ 3요인 모델에서 PER을 제외한 후로는 재무학계에서의 관심이 축소되고 있다.
- ☑ PER이 쓸모없게 되는 또 다른 시기는 주식시장에 버블이 끼어 있는 동안이다.

Chapter 2

PER에 사용되는 '이익'은 무엇일까?
- 정의에 따라 달라지는 이익

　PER을 본격적으로 다루기 전에 우리는 먼저 PER의 좀 더 복잡한 요소인 이익을 정의해야 한다. 이 장은 이익과 주당순이익(EPS)이 정의될 수 있는 여러 상이한 방식의 기본적인 사항을 다룬다. 필자는 손익계산서의 하단으로 내려가면서 이익에서 제외되는 많은 비용들에 대해서 논의할 것이다.

　이 장에서는 이런 논의에 대해 일반적으로 다룰 예정이다. 실제 사례가 필요하다면 헤인즈에 관한 다음 장을 살펴보기 바란다. 또한 이 책에서는 의도적으로 회계 계정에 관한 구체적인 설명을 하지 않았는데, 단지 이익 계산의 요소들만 다루는 것으로도 충분하기 때문이다.

매출액과 영업이익

설명할 필요가 별로 없는 기본적인 내용이어서 간략히 소개한다.

회사는 서비스나 재화를 만들어 판다. 이렇게 팔아서 회사가 받는 돈이 매출액sales, turnover, revenue이다. 매출액 수치로부터 매출총이익 gross profit을 계산하기 위해 팔린 품목에 들어간 비용을 맨 먼저 제해야 한다.

그러나 아직 우리가 필요로 하는 이익으로서의 중요한 최초의 수치에는 도달하지 못했다. 원재료비뿐만 아니라 인건비, 인터넷 통신비, 임대료 등 많은 비용이 고려되어야 하기 때문이다.

감가상각비나 감모상각비 같은 개념적인 비용도 역시 제해야 한다. 이 비용들은 해마다 실제로 꼭 현금을 써야 하는 항목은 아니다. 그러나 이 비용은 어떤 식으로든 정기적으로 매출총이익에서 제외되어야 한다. 때때로 발생하는 대규모 자본적 지출을 그 일이 일어날 때 한꺼번에 장부에 반영한다면 공표되는 이익은 아주 크게 변동할 수 있다.

단어 그 자체로의 '이익'은 실제로는 우리가 지금 다루는 이익 수치에 비해 다소 불분명한 두루뭉술한 용어이다. 최초의 이익 수치는 매출액과 총비용의 차이이다. 총비용이란 일반적으로 금융비용과 세금을 제외한 회사의 모든 비용을 의미한다. 이렇게 해서 나온 최초의 이익 수치가 '영업이익operating profit'이다.

PER 계산에 필요한 이익 수치

영업이익은 손익계산서에서 '이익'으로 언급되는 수치 중에서 위쪽에 표시되는 수치이다. 그러나 사업을 하는데 있어 피할 수 없는 두 가지 비용이 제외되어야 하는 채로 남아 있다. 바로 이자 비용과 세금이다. 이자 비용을 제하면 세전 이익profit before tax이 나온다. 그리고 마침내 세금을 제하면 계속사업이익profit from continuing operations이 나온다.

이제 이익에서 차감해야 할 항목들을 모두 반영했으므로 주주에게 배당되거나, 회사에 유보될 수 있는 '온전한' 수치를 구할 수 있게 되었다. 주당순이익 계산에 사용되는 것은 바로 이 계속사업이익이다.

EBIT와 EBITDA, 딱딱함에 숨은 비밀

앞글자만 딴 딱딱한 두 용어가 최근 몇 년 사이 큰 인기를 얻고 있다. EBITearnings before interest and tax는 '이자와 세금 차감 전 이익'을 의미하고, EBITDAearnings before interest, tax, depreciation and amortisation는 '이자, 세금, 상각 차감 전 이익'을 의미한다.

이들이 합당하게 사용되는 때가 있다. 예를 들어 EBITDA는 대출 계약에 곧잘 사용되는데, 그 이유 중 하나가 채권보유자들이 세금 지불에 신경을 쓰지 않는 탓이다. 이자 지불은 회사의 세금 납부가

계산되기 전에 이루어지기 때문이다.

그러나 이 두 용어가 회사의 이익을 더 좋아 보이게 만든다는 점 때문에 폭넓게 사용되고 있다는 인상을 지울 수가 없다. 어떤 회사가 사업보고서의 처음 몇 페이지에서 손익계산서의 하단에 있는 이익 수치 대신에 EBITDA를 자랑스럽게 떠벌리는 것을 맞닥뜨리는 건 나쁜 신호다.

그런 회사들 중에는 계산기로 몇 초만 계산해보면 그 회사가 진정한 이익을 만들어낼 가능성이 거의 혹은 아예 없다는 사실을 알게 될 것이다. 왜냐하면 감모상각비가 매해 영업이익을 상쇄해버리고도 남을 수 있기 때문이다.

EBIT와 EBITDA라는 간결한 용어 대신에 불친절하지만 "만약 (그 돈을) 지불하지 않았다면 얼마나 많이 벌었을지 보라"는 식으로 표현된다면 기억하기는 더 좋았을 것 같다.

이자 비용과 세금은 사업을 하는 데 있어 피할 수 없는 비용이고, 실제로 고려되어야만 한다. 만약 어떤 회사가 돈을 빌리는 대신, 주주로부터 자금을 조달한다면 그 회사는 대출이자를 내는 대신, 배당금을 지불해야 할지도 모른다.

슬프지만 세금은 어느 누구도, 어느 회사도 피할 수 없다. 그러나 이를 통해 회사가 사업을 하는 데 있어 최소한 법적인 안전망을 제공받게 된다.

감가상각과 감모상각은 영업이익으로 기록되기 전에 이미 차감해야 하는 더욱 기본적인 비용이다. 워런 버핏은 이렇게 말했다. "경영진은 이빨 요정tooth fairy[1]이 자본적 지출 비용을 내줄 것이라고 생각하는가?" 그래서 필자는 이 책에서 두 용어를 더 이상 사용하지 않을 것이다.

이익의 처리에 따른 3가지 주당순이익

차감해야 할 모든 비용을 제하고 구한 이익을 가지고, 우리는 이제 회사 단위에서 개별 주식 단위로 옮겨갈 수 있다.

주당순이익은 계속사업이익을 발행주식 총수로 나누어 계산한다. 이것이 기본basic 주당순이익이다.

그러나 어떤 경영목표를 달성하면 경영진이나 간혹 일반 직원들에게도 주식을 부여하는 스톡옵션을 가지고 있는 회사가 있을 수 있다. 이럴 경우 미래에 상당히 많은 주식이 발행될 가능성이 있다. 현재 발행주식과 미래에 발행될 가능성이 있는 모든 주식 수로 이익을 나눈 것이 바로 희석diluted 주당순이익이다.

경제신문에 자주 언급되는 것은 조정adjusted 주당순이익이다.(헤드라인headline 주당순이익이라고도 알려져 있다.) 이것은 비수익성 부서의 중단비용 같은 '이례적인' 대규모의 비용을 배제한 이익을 사용한다.

---

1) 서양의 전설에 등장하는 요정으로, 어린이가 빠진 치아를 베개 밑에 놓아두면 자는 동안 이빨요정이 나타나 돈을 주고 이를 사간다고 한다—역자.

불행하게도 '이례적exceptional'이라는 표현의 정확한 정의는 회사마다 다르다. 회사마다 성향과 목적에 따라 회계 수치에 아주 다양한 태도를 보이는 까닭이다.

시점별 주당순이익의 종류

주당순이익에 관련된 또 하나의 논점은 그것이 역사적(전년도)이냐 혹은 미래 예측이냐에 대한 것이다.

역사적historic 주당순이익은 앞에서 다룬 것으로, 가장 단순하다.[2] 다시 말해 이 이익은 그 회사의 가장 최근 사업보고서에 언급(공표)된 것이다.

최신rolling 주당순이익은 가장 최근의 이용 가능한 이익 정보를 사용한다.[3] 영국에서는 만약 6개월짜리 반기보고서가 제출되면 연차보고서의 첫번째 반기의 이익을 들어내고, 그 자리에 가장 최근 반기의 이익 수치로 대체한다. 미국 회사와 BP 같은 미국증시에 상장된 많은 대기업들은 분기별로 실적을 발표한다. 그래서 그들에게는 가장 최근 4개 분기의 값이 최신 수치가 된다. 다만 6개월 혹은 3개

---

[2] 역사적 주당순이익은 전년도 공표 이익을 사용하므로 전년도(지난해) 주당순이익과 혼용한다―역자.

[3] 최신 주당순이익은 연환산 주당순이익이라고 부르기도 한다―역자.

월 간격의 실적 발표는 회계감사를 받지 않는다. 따라서 연간 사업보고서에서의 수치와 달리 재검토할 필요가 있다.

예측forecast 주당순이익은 설령 회사가 실적 참고치를 제공한다고 해도 회사의 자료로부터 구하는 것은 아니다. 이것은 그 회사를 담당하는 애널리스트들의 전망치에 따라 해당 회기에 발표할 것으로 예상되는 이익의 평균값이다. 시가총액 순위 100위권에 속하는 대기업이라면 언제든지 얻을 수 있는 수십 명 이상의 애널리스트들의 전망치를 의미하게 된다.

우리는 어떤 회사의 최근 과거가 아니라, 미래에 그 회사에서 얻게 될 이익에 관심이 있는데도 불구하고 왜 늘 역사적 주당순이익에 얽매인 채 예측 주당순이익은 사용하지 않는 걸까?

여기서 주된 문제점은 예측 주당순이익이 보통 세 명이나 그 이상의 애널리스트가 담당하는 회사에서만 인용된다는 점이다. 대개의 경우 어느 나라든지 예측 이익은 많지 않은 대규모 기업들에서만 구할 수 있다.[4]

이 때문에 특별한 투자 규칙을 검증하려는 학계의 연구는 거의 예외 없이 예측 주당순이익이 아닌 역사적 주당순이익을 사용한다. (데이터스트림datastream 같은 정보제공업체에서 애널리스트의 예측치를 구

---

4) 영국의 경우, FTSE350인덱스에 속하는 큰 기업들과 몇몇 기업을 더 얹어놓은 정도가 해당된다. 런던에 상장된 대략 1,300개 상장사 중에서 시가총액 5,000만 파운드가 안 되는 기업이 수백 개에 달한다. 이 회사들은 담당 애널리스트가 심지어 3명이 안 될 수도 있다. 특히 AIM(영국의 중소기업 전용 시장)에 상장돼 있다면 더 말할 것도 없다. 이런 회사들은 예측 이익을 가질 수 없고, 그래서 예측 PER 수치도 없다.

하려면 더 많은 구독료를 내야 하는데, 그 돈을 낼 만한 대학이 거의 없다는 사실도 이유가 되겠지만 말이다.)

이익 수치의 문제점

손익계산서의 상단에는 매우 중대한 문제가 우두커니 자리 잡고 있다. 하나의 큰 숫자(매출액)에서 또 하나의 큰 숫자(비용)를 차감한 영업이익은 매우 가변적일 수 있다. 업종과 비즈니스 모델에 따라 다르지만 정말 완벽할 정도로 건전한 회사라고 해도 매우 형편없는 이익률을 가질 수 있다.

예를 들어 영국의 자동차 수입판매사인 인치케이프Inchcape는 해마다 수천 대의 자동차를 수입해서 유통시킨다. 자체 유통망을 통해 운반되는 대규모 물량을 고려하면 1% 혹은 2% 이익률은 형편없어 보이지만, 매우 건전하다고 할 수 있다.

그러나 매출액이나 비용, 둘 중 어느 하나의 작은 변화도 영업이익에 매우 큰 변화를 초래할 수 있다. 그러기에 이런 회사들의 이익 수치를 예측하는 것은 특히 실수하기 쉬운 작업이다. 이익 예측은 총 매출액과 총 비용이 미래에 어떻게 변화할 것인지에 대해 이루어진 가정들에 민감하게 반응한다.

이익을 계산할 때 또 하나의 난제는 어떤 한 해의 매출액, 그리고 당연히 그로 인한 이익 역시 쉽게 조작될 수 있다는 점이다.

앞에서 언급했듯이 예외적(이례적)인 비용으로 정의되는 것은(그래서 조정 주당순이익에서 배제되는 것은) 견해상의 문제이다. 회사의 경영진은 어떤 비용이 예외적인 것인지에 대해 잠재적 투자자보다는 더 느슨한 견해를 가지고 있을 수 있다. 일부 대기업들은 해마다 비수익성 사업부나 조직을 폐쇄할 필요가 있다. 그러나 그들은 늘상 그것을 예외적인 것으로 기록한다. 이런 일이 해마다 일어난다면 그것이 정말로 어떤 이유로 예외적인지 그 회사에 따져보아야 한다.

자신의 경영 성과를 가능한 한 긍정적인 것으로 보이고 싶어 하는 경영진과 '사기'를 가르는 경계가 언제나 쉽게 구분되는 것은 아니다. 그럼에도 실적을 과장하거나 조작해서 보너스를 부풀리는 경영진이 있는 회사에 관한 추악한 이야기는 듣기 힘든 뉴스가 아니다.

마지막 문제는 주당순이익 수치의 실제적인 불확실성에 관한 것이다. 투자자에게 제공된 기본, 희석, 조정, 예측, 최신, 역사적 주당순이익 수치의 정확한 근거를 밝히려는 시도는 정말 잡동사니통을 뒤지는 것만큼이나 복잡한 문제이다. 데이터스트림datastream, 파이낸셜타임스finacial times, 헤밍턴 스코트의 기업 REFS 같은 서로 다른 3개의 재무 데이터 서비스 업체는 3개의 서로 다른 주당순이익 수치를 제공할 가능성이 높다.

또 당신이 온라인 도움말 페이지를 아주 자세히 읽어본다고 해도, 당신이 그 회사들의 데이터분석가로 일하거나 컴퓨터 코드를 읽을 수 있지 않는 한, 주당순이익 수치에서 정확히 어떤 것이 생략되고 어떤 것이 포함되었는지를 거의 알 수 없다.

필자도 연차보고서 한 부를 가지고 주당순이익 수치가 정확히 어떻게 나왔는지 알아보려고 했지만 아니나 다를까 성공하지 못했다. 그러나 투자를 고려하고 있는 모든 회사들의 이익에 동일한 정의를 사용한다면 그것이 결정적인 문제가 되지는 않을 것 같다.

▶▶ 핵심 포인트 ◀◀

- ☑ PER을 본격적으로 다루기 전에 우리는 먼저 PER의 좀 더 복잡한 요인인 이익을 정의해야 한다.
- ☑ 단어 그 자체로의 '이익'은 실제로는 우리가 지금 다루는 이익 수치에 비해 다소 불분명한 두루뭉술한 용어이다.
- ☑ 주당순이익 계산에 사용되는 것은 바로 이 계속사업이익이다.
- ☑ 이자 비용과 세금은 사업을 하는데 있어 피할 수 없는 비용이고, 실제로 고려되어야만 한다.
- ☑ 투자자에게 제공된 기본, 희석, 조정, 예측, 최신, 역사적 주당순이익 수치의 정확한 근거를 밝히려는 시도는 정말 잡동사니통을 뒤지는 것만큼이나 복잡한 문제이다.
- ☑ 투자를 고려하고 있는 모든 회사들의 이익에 동일한 정의를 사용한다면 그것이 결정적인 문제가 되지 않을 것 같다.

Chapter 3

PER과 PER의 역수는 어떤 의미가 있나?
– PER과 이익수익률의 기본 활용법

　이익에 대해서 꽤 자세히 다뤘기 때문에 마침내 PER 계산에 쓰이는 2가지 투입 요소 중 하나인 이익 수치를 사용할 수 있게 됐다. 또 하나의 수치는 당연히 주식의 가격이다.
　PER에 요구되는 구체성 수준에 비하면 가격은 금세 처리할 수 있다. PER에 인용되어 사용되는 가격 수치는 대개 전날의 종가이다. 주당순이익과 달리 출처에 따라 달라지지도 않는다.
　그러나 주당순이익 수치처럼 거기에도 일정 수준의 불확정성이 존재한다. 예를 들어 어떤 날의 종가가 주식이 실제 거래됐던 가격이 아니고 호가를 기준으로 한 가격일 수도 있다. 더군다나 오늘 현재 어떤 주식을 사려고 한다면, 시장가격과 이로 인한 PER은 그 시점에 맞게 또다시 바뀌게 된다.

PER 이해하기

1장에서 언급했듯이 20세기 초반 미국 투자자들은 주가를 이익과 비교하기 시작했다. 즉 회사의 시가총액을 지난해의 공시된 이익으로 나누는 식이다. 결과는 같지만, 개별 주식 단위에서는 주가를 주당순이익으로 나눈다.

PER은 대략적이지만 곧바로 쓸 수 있는, 즉 그 회사의 일부를 소유하기 위해서 몇 년 치 이익에 해당하는 돈을 지불하는지에 관한 추정치를 선사했다.

일반적인 PER은 시장이 특별히 높거나 낮지 않은 때에 해당하는데, 8~12배 사이에 있다. 다시 말해 지금 그 주식을 소유하기 위해 8~12년 치의 이익에 해당하는 금액만큼 지불하는 것이다.

그러나 다음 장에서 살펴보겠지만 이것은 몇 가지 요인에 따라 다양하게 나타난다. 〈그림 3-1〉에서 보듯이 시장의 평균 PER 그 자체는 전체 시장의 확신에 따라 작아졌다, 커졌다 한다. FTSE100의 PER은 2000년대 초반 IT주식 버블 때 최고 30.5배까지 올랐지만, 2009년 초 글로벌 금융위기라는 최악의 순간에는 7.2배로까지 하락했다.

대기업들은 일반적으로 소규모 기업보다는 더 높은 PER을 가지고 있다. 필자는 그 이유에 대해서 납득할 만한 설명을 본 적이 없다. 내 견해로는 아마도 엄청난 규모의 자금을 투자하는 펀드매니저들이 거대 기업들에 투자하는 것 외에는 선택권이 거의 없기 때문이 아닌가 싶다. 5,000만 파운드(약 740억 원) 미만의 시가총액을 가진

〈그림 3-1〉 영국 증시 PER의 변동

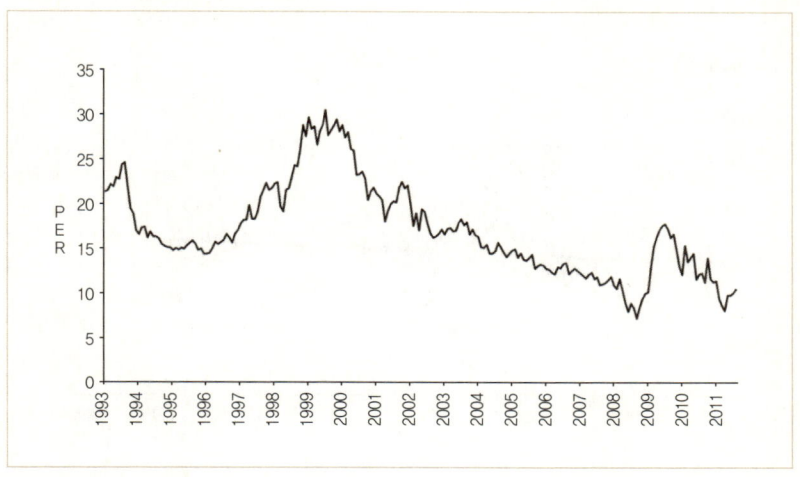

* FTSE100지수 PER (1993~2012)

수백 개의 회사들을 분석하면서 시간을 보내는 것은 그들에게는 그만한 가치가 없는 일이다.

〈그림 3-2〉는 개별기업의 시가총액과 PER을 비교한 산점도이다. 이것은 2012년 어느 날 PER 값을 가진 974개 영국 기업 모두를 포함한다. 몇몇 극단적인 수치 때문에 나는 모든 데이터 점들의 로그표를 사용했다.

그림에서 보듯이, PER은 10~20배 주변에 몰려 있다. 거의 1,000개에 해당하는 기업의 산점을 본다면, 극소수만 PER이 100배 이상이다.

직선은 최적선이다. 즉, 다른 조건들이 같다면 시가총액이 1,000만 파운드인 회사는 10.4배의 PER을 가질 것이라고 예상할 수 있다. 그 회사는 산점도에서 (천만, 10) 근처의 점이 될 것이다.

<그림 3-2> 시가총액과 PER

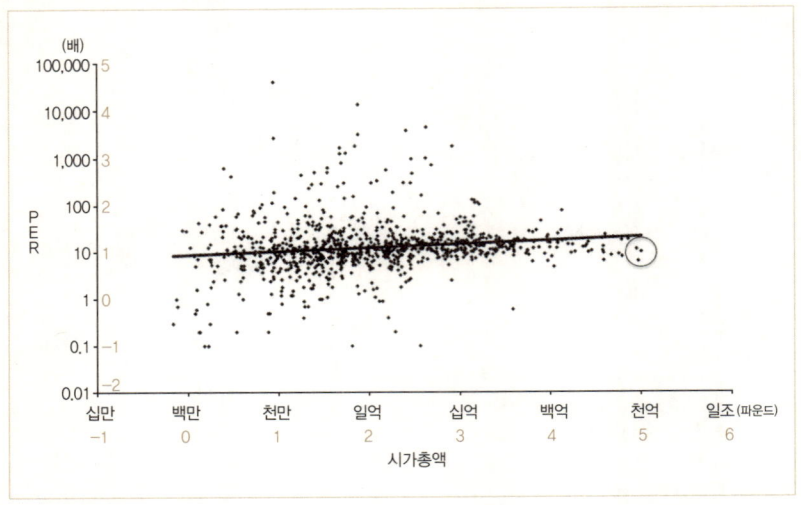

* 기준 : 2012. 2. 7.
* 원서는 이 그래프의 수치를 밑이 10인 상용로그로 쓰고 있으나 독자 편의를 위해 일반숫자(자연수)로 바꿨다. 눈금의 간격은 10배씩 똑같이 커진다. 참고로 별색은 원서의 로그값.

반면에 1,000억 파운드 가량의 시가총액을 가진 3개의 거대기업이 있다.(원 안) 최적선에 따르면 이들이 21.3배의 PER을 가질 것으로 예상할 수 있다. 그러나 실제로는 회사 규모에 비해 상대적으로 낮은 PER, 즉 9.9배(HSBC), 6.3배(BP) 그리고 11.3배(보다폰)를 각각 가지고 있다.

특별히 급성장하는 산업에 속한 회사들은 당연히 매우 높은 PER, 즉 20배, 25배 또는 그 이상을 가지고 있다. 심지어 시장에 거품이 끼어 있지 않을 때조차도 말이다. 이는 미래의 성장 때문이다. 다시 말해 향후 수년간 어떤 회사가 급격히 성장할 것이라고 확신한다면 사람들은 그런 성장의 대가로 그 주식에 대해 더 높은 가격을 기꺼이 지불한다.

물론 결과적으로 장기간의 고성장에 대한 예상이 옳았던 것으로 판명된다면 고PER은 타당한 것이 된다.

역사적 PER, 전망 PER

역사적 PER과 전망 PER은 앞에서 살펴본 역사적historical 주당순이익과 전망prospective 주당순이익을 바탕으로 각각 계산된다.

$$역사적\ PER\ =\ \frac{전일\ 종가}{역사적\ 주당순이익}$$

어떤 회사가 '가장 최근 사업보고서'에 주당 3달러를 벌었다고 공시하고 전일 주가가 24달러에 마감했다면, 한 해 이익의 8배에 해당하는 비용을 치러야 그 주식을 살 수 있고, 그 회사는 8배의 역사적 PER을 가지게 된다.(배수의 의미를 살려서 때때로 8×로 표기된다.)

이것이 가장 광범위하게 인용되는 수치이자, PER이 주식 수익률을 얼마나 잘 예측할 수 있는지에 관한 학계 연구에서 사용될 수 있는 수치이다. 하지만 꽤나 케케묵은 것일 수도 있다.

최악의 경우에는 막 종료된 당기의 잠정실적이 곧 발표될지도 모른다. (또한 잠정실적이 발표되기 전에 수개월의 유예기간이 허용된다.)

그러나 여전히 인용되는 주당순이익은 '전년도'의 것이다. 그래서 역사적 PER은 영국의 경우 심지어 2년 정도 전에 발생한 매출과 비용 항목에 기반한 것일 수 있다.

좀 더 최신이지만 신뢰도는 낮은 PER은 전망 PER이다.

$$전망\ PER = \frac{전일\ 종가}{전망\ 주당순이익}$$

이것은 현재 회기에 대해 애널리스트들이 현재 발생하는 매출이나 비용을 토대로 전망한 이익에 근거하기 때문에 역사적 PER보다 좀 더 최신이다. 그러나 그것은 회계적 사실이라기보다는 애널리스트들의 예측에 근거하기 때문에 신뢰도는 더 낮다.

물론 앞 장에서 설명했듯이, 전망 주당순이익은 최소한 3명 이상의 애널리스트가 그 회사를 담당하고 있을 때에만 계산된다. 시가총액이 5,000만 파운드 이하인 상당수의 작은 기업들은 단지 자체 애널리스트만을 가지고 있을 뿐이다. 그래서 전망 PER을 가지고 있지 않다.

주식시장에 상장된 모든 회사들을 대상으로 하는 투자규칙에 대한 사후 검증작업은 그러기에 케케묵은 역사적 PER을 사용할 수 있을 뿐이다.

사례로 이해하기

〈표 3-1〉은 서로 다른 PER이 나올 수 있다는 사실을 보여준다.

〈표 3-1〉 주당순이익과 PER

(단위_주가, EPS : 펜스, PER : 배)

	역사적	전망(올해)	전망(내년)
인치케이프 주가	364	364	364
인치케이프 EPS	32	34.81	37.53
인치케이프 PER	$\frac{364}{32} = 11.4$	$\frac{364}{34.81} = 10.5$	$\frac{364}{37.53} = 9.7$
헤인즈 주가	195	195	195
헤인즈 EPS	29	–	–
헤인즈 PER	$\frac{195}{29} = 6.7$	–	–

* 기준 : 2012. 2.

인치케이프의 이익 예상치는 향후 2년에 걸쳐 완만하게 증가하고 이에 따라 PER은 점차 낮아진다. 1,900만 파운드(약 280억 원)의 시가총액을 가진 헤인즈는 전망 PER을 얻을 수 있는 담당 애널리스트가 거의 없어서 단지 6.7배라는 역사적 PER만을 가지고 있다.

이익수익률, PER의 역수

이익수익률Earnings yield은 단순히 PER의 역수이며 퍼센트(%)로 표시된다. 이익이 투자자가 아닌 회사에 주로 귀속된다는 점만 빼면, 채권수익률과 유사한 수치이다. (채권수익률과 배당수익률이 좀 더 유사한데, 이는 주식 보유자들이 실제로 배당금을 받기 때문이다.)

만약 주가가 24파운드인데 3파운드의 주당순이익을 지급한다면 이익수익률은 다음과 같이 계산된다.

$$이익수익률 = \frac{3}{24} \times 100\% = 12.5\%$$

이익수익률은 학계에서 PER 대신 폭넓게 사용되며, E/P로 언급된다. 금융 연구자들이 기술적인 용어를 좋아해서 그렇게 사용하는 것만은 아니다.

PER은 처치곤란한 불연속점이 있다. 주가는 정확히 0원이 되지는 않지만 주당순이익은 그럴 수 있다. 그래서 주당순이익을 분모가 아니라, 분자로 원할 수 있다.

지난해 0.1펜스[1]의 주당순이익을 기록했고, 주가가 10파운드인 회사를 예로 들어보자. (1파운드 = 100펜스, 10파운드 = 1,000펜스)

$$\frac{P}{E} = \frac{1000}{0.1} = 10000 \;;\; \frac{E}{P} = \frac{0.1}{1000} = 0.0001$$

그런데 만약 똑같은 회사가 주당 0.1펜스의 손실을 기록한다면 다음과 같다.

$$\frac{P}{E} = \frac{1000}{-0.1} = -10000 \;;\; \frac{E}{P} = \frac{-0.1}{1000} = -0.0001$$

---

[1] 영국의 화폐 단위인 페니(penny)는 단수에, 펜스(pence)는 복수에 사용된다. 이 책에서는 한국 독자들의 편의를 위해 단·복수에 관계없이 펜스로 통일해 사용했다—편집자.

PER은 주당순이익이 0을 통과할 때 불연속점을 겪게 되지만, E/P는 그렇지 않다. 이것은 PER을 기준으로 포트폴리오에 회사를 편입할 때 문제를 야기할 수 있다. 그래서 PER 대신에 E/P가 사용된다. 실제로 많은 연구들에서 적자를 내는 회사들은 배제된다. 어떤 회사가 적자를 내면 (음수의) PER이 계산될 수 있음에도 불구하고 음수의 PER이 의미하는 바를 직관적으로 이해하기란 쉽지 않기 때문이다.

▶▶ **핵심 포인트** ◀◀

- ☑ 일반적인 PER은 시장이 특별히 높거나 낮지 않은 때에 해당하는데 8~12배 사이에 있다.
- ☑ 시장의 평균 PER 그 자체는 전체 시장의 확신에 따라 작아졌다, 커졌다 한다.
- ☑ 결과적으로 장기간의 고성장에 대한 예상이 옳았던 것으로 판명된다면 고PER은 타당하다.
- ☑ 이익수익률은 단순히 PER의 역수이며 퍼센트(%)로 표시된다.
- ☑ 이익수익률은 학계에서 PER 대신 폭넓게 사용되며, E/P로 언급된다.

Chapter 4

EPS와 PER 계산하기
– 실제 재무제표를 활용한 사례

지금까지 주당순이익과 PER이 어떻게 계산되는지를 자세히 다뤘다. 이제 실제 사례에 적용해보자.

헤인즈 출판사는 자동차 매뉴얼 관련 서적을 만드는 유명한 회사이다. 필자는 주가가 255펜스였던 2011년 중반 당시의 이 회사를 평가할 것이다.

이익

헤인즈의 지난해 이익은 가장 최근 사업보고서에서 확인할 수 있다.(그 회사의 웹사이트 www.haynes.co.uk의 투자자 섹션 참고)

손익계산서의 맨 윗줄은 매출액이다. 헤인즈의 출판 부문에서 나

〈그림 4-1〉 헤인즈 사업보고서 중 손익계산서 부분 요약

	2011년 5월 31일 종료		(단위 : 1,000파운드)
	계속사업	2011	2010
Note 2	**매출액**	32,743	33,310
	매출원가	(11,937)	(11,910)
	매출총이익	20,806	21,400
	기타 영업이익	214	325
	유통비	(7,007)	(7,926)
	판매관리비	(6,326)	(6,113)
Note 4	**영업이익**	7,687	7,686
Note 6	금융수익	1,283	1,053
Note 7	금융비용	(1,793)	(1,571)
	세전이익	7,177	7,168
Note 8	세금	(2,428)	(2,486)
	계속사업이익	4,749	4,682
	소유주 지분	4,742	4,677
	비지배 지분	7	5
		4,749	4,682
			(단위 : 펜스)
Note 9	주당순이익		
	기본	29.0	28.6
	희석	29.0	28.6

오는 총 매출액은 2010년 6월 1일부터 2011년 5월 31일까지에 해당된다.

앞 장에서 살펴봤듯이, 손익계산서의 아래로 내려갈수록 판매관리비 등 더욱더 많은 비용이 차감된다. 이런 비용들의 자세한 내용

은 해당 항목의 주석에 기재된다.

이 표에서 보면 영업이익은 768만 7,000파운드이다. 그리고 금융수익에서 금융비용(대출이자)을 차감해 내려가면 세전이익은 717만 7,000파운드가 된다. 최종적으로 세금이 차감되면, 즉 세후 이익인 474만 9,000파운드를 얻을 수 있다.

이렇게 해서 남은 이익은 주주의 몫이다. 주식 보유자들에게 귀속되는 이익은 474만 2,000파운드로 PER 계산에 사용되는 주당순이익을 계산하는 데 쓰인다.

주당순이익(EPS)

우리는 이제 역사적 EPS를 구하기 위해 주주에게 귀속되는 이익을 주식 수로 나눈다.

$$EPS = \frac{주주\ 귀속이익}{가중평균\ 발행주식\ 수} = \frac{4,742,000(파운드)}{16,351,540} = 0.29(파운드)$$

가중평균은 회사들이 경영진 보상 계획의 일환으로 해당 회기 동안 곧잘 많은 주식을 발행하기 때문에 사용된다. 이것이 발행주식을 증가시키고, 그래서 현재 발행주식에 귀속되는 이익을 희석시킨다.

헤인즈는 실제로는 2011년에 주식을 발행하지 않아서 가중평균 발행주식은 해당 회기말의 주식 수와 같다. 헤인즈는 또 다른 복잡

〈그림 4-2〉 헤인즈 사업보고서 중 주당순이익 부분 요약 (단위 : 파운드)

주당순이익
기본 주당순이익 및 희석 주당순이익은 아래 데이터를 사용해 계산되었다.:

(단위 : 1,000파운드)

	2011	2010
이익 :		
세후 계속사업 이익*	4,742	4,677
주식 수 :		
가중평균 주식 수(note 20)	16,351,540	16,351,540

* 비지배이익에 해당하는 7,000파운드(2010년 5,000 파운드)의 이익은 제외한 조정 수치이다. 2011년 5월31일과 2010년 5월31일 시점에 발행된 스톡옵션이 없으므로 기본 주당순이익과 희석 주당순이익계산에 사용되는 이익에는 차이가 없다.

한 문제, 즉 희석 주당순이익을 계산할 필요가 없도록 해줬는데, 이는 임직원에게 부여된 스톡옵션이 없었기 때문이다. 헤인즈의 희석 주당순이익은 29펜스로 기본 주당순이익과 같다.

이 회사는 실제로는 이미 손익계산서의 하단 부분에 이런 계산 결과를 기재해놓았다. 참고로 헤인즈의 주당순이익은 29펜스로 나와있는데, 그 계정에 관련된 '주석 9'에서 계산의 근거를 확인할 수 있다.

주가수익비율(PER)

이제 주가를 주당순이익으로 나눠서 PER을 계산할 수 있게 됐다.

그 결과, 2012년 초반 주가가 195펜스였을 때의 헤인즈의 PER은 다음과 같다.

$$PER = \frac{주가}{주당순이익} = \frac{195펜스}{29펜스} = 6.7(배)$$

다시 말해, 주당 195펜스를 투자한다는 것은 주당순이익의 약 7배를 지불하는 것이다. 이것은 헤인즈가 작은 회사라는 점을 감안해도 낮은 편인데, 〈그림 3-2〉에서 보듯이 구름 모양의 중심에 아주 가까이 자리하고 있다.

제 2부

밸류 프리미엄과 PER

1부에서 PER이 무엇이고, 어떻게 해서 20세기에 인기를 끌게 됐는지에 관한 기본적인 사항들을 알아봤다. 이번 2부에서는 오늘날 PER이 어떻게 사용되는지에 관해 좀 더 논쟁의 소지가 있는 영역을 살펴본다.

1920년대에 미국에서 PER이 인기를 끌었을 당시에는 PER이 낮은 회사가 더 좋은 투자수익률을 가져다준다는 통계적인 증거가 있지는 않았다. 물론 PER이 10배라는 사실은 매년 10달러를 버는 회사에 100달러를 지불한다는 의미라는 개념은 있었다. 마찬가지로 PER이 20배라면 똑같은 이익을 내는 회사에 200달러를 지불한다는 의미이다. 그러기에 사람들은 높은 PER을 가진 주식은 미래 이익 성장에 있어서 더 나은 전망을 가지고 있을 것으로 기대할 것이다.

만약 당신이 투자한 주식의 전망이 미래 성장에 대한 특별한 기대감없이 그저 그렇다면 최대한 가장 낮은 PER에 매수하는 것이 상식적일 것이다. 다른 조건이 같다면(특히 배당이 중요한데) 10달러를 버는 주식에 100달러만 지불할 수 있는데도 굳이 200달러를 지불할 이유는 없다.

1960년대가 되어서야 저PER 주식이 전반적으로 더 나은 장기 수익률을 가져다주는 경향이 있다는 주장이 나왔다. 이것이 의미하는 바가 바로 '밸류 프리미엄value premium'이다. 즉, 저PER을 가지고 있는 가치주가 고PER을 가진, 이른바 '인기주glamour shares'를 수익률에서 앞선다는 것이다. 5장에서 살펴보겠지만, PER은 그런 주식들을 찾아내는 데 사용되는 비율 중에 단지 하나일 뿐이다.

그러나 이 투자 아이디어는 재무학계가 아니라 투자업계 종사들에게서 나온 것이라 수년 동안 엄밀한 검증이 이뤄지지 않았다. 더군다나 시장이 효율적이라는 이론이 1960년대에 퍼지기 시작했다.

만약 시장이 효율적이고 주가가 효율적으로 매겨진다면 어떤 투자 법칙을 따르더라도 지속적으로 시장을 이기는 것은 가능하지 않을 것이다. 따라서 어떤 특정 부류의 주식들이 지속적으로 다른 주식들을 앞설 수 있다는 가정은 탐탁지 않은 것이었다. 특히 '아웃사이더'들에게서 나온 주장이라 더욱 그랬다.

그럼에도 불구하고 다양한 시기와 국가에 걸쳐 수백 개의 학계 논문들이 그 주장을 지지하고 있다. 즉, 장기적으로 저PER 포트폴리오는 매년 약 3%포인트 차이로 시장 평균을 앞서고, 고PER 주식들은 똑같은 차이로 시장 평균을 하회한다는 것이다.

필자는 정반대의 내용, 즉 고PER 주식들이 최소한 10년 이상의 장기간의 시점에 걸쳐 시장 평균을 상회한다는 내용을 담은 어떠한 논문도 보지 못했다.

눈길을 끄는 논쟁은 이렇게 더 나은 성과를 내는 저PER 주식들이 어떤 면에서는 더 위험한지 아닌지에 관한 것이다. 아무런 리스크 없이 고수익이라는 '공짜 점심'을 먹을 수는 없다. 따라서 저PER 주식들의 우월한 수익률을 설명하기 위해서라도 이런 주식들이 더 위험한 것임에 틀림없다는 지적은 어쩌면 자연스러운 반응이다.

많은 투자자들은 저PER 상태가 미래 수익률을 높이는데 좋은 신호라고 믿는다. 그럼에도 PER은 '가치투자자'들이 저평가 주식을 찾는데 사용하는 비율들 중의 하나에 불과하다.

반면에 시장은 일반적으로 효율적이어서 그런 주식들은 이미 오래전에 사라지고 없다고 믿는 사람들이 있다. (물론 시장이 대체로 효율적이라는 그들의 견해를 지지하는 많은 증거가 있다.) 이들에 따르면, 만약 당신이 저PER 주식(즉, 지표에 의해 '가치주'로 여겨지는 어떤 회사의 주식)을 산다면 아마도 당신은 단지 겉만 보고 덜컥 물건을 산 꼴이 될 것이다.

다시 말해 그 주식은 싸게 거래될 만한 이유가 있고, 시장이 그 주식을 저평가한다는 것이다. 그들의 주장이 맞다면 당신의 돈을 지수추종펀드(인덱스펀드)에 투자하는 편이 더 낫고, 수수료가 가장 저렴하면서 최대한 시장을 그대로 추종하는 펀드를 찾는 데 시간을 쓰는 것이 더 나을 것이다.

가치투자자와 효율적 시장주의자의 근본적 차이는 재무학계 뿐만 아니라 실제 투자 세계에서도 나타난다.

이번 2부에서는 가치주가 어떤 주식인지, 가치투자가 무엇인지, 그리고 대표적인 가치투자자 4인(워런 버핏, 벤저민 그레이엄, 데이비드 드레먼, 앤서니 볼턴)을 소개한다.

그러고 나서 효율적 시장 이론과는 달리 왜 '밸류 프리미엄'이 전통적 통설에 반기를 드는 공격이 되는지를 살펴본다. 또한 가치주를 찾아내고, 관련 리스크를 밝혀내기 위해서 PER을 사용할 때의 수익률에 관한 내용도 다룬다.

  부디 당신이 논문을 읽는 것처럼 딱딱하게 느끼지 않았으면 좋겠다. 이런 측면에서라도 필자는 효율적 시장 이론과 밸류 프리미엄을 중재하려는 일부 후세대 논문들은 다루지 않겠다.

  끝으로 이 모든 것들이 미국 주식들을 대상으로 살펴보고 있으므로 영국에서도 통하는지를 평가하면서 2부를 마무리할 것이다.

Chapter 5

가치투자로 시장을 이기다
– 밸류 프리미엄을 증명한 투자대가들

　주식투자를 해본 적이 있는 투자자라면 누구나 잘 알고 있듯이, 주식의 가격은 안정적으로 지급되는 배당과는 달리 아주 심하게 변동한다. 1981년 경제학자인 로버트 쉴러가 이를 계량화했다. 쉴러는 주가가 그 회사 배당성향(당기순이익 중 배당금의 비중)의 변동성을 토대로 예측한 것의 13배까지도 달라질 수 있다고 추정했다. 이런 불편한 사실을 설명하려고 노력한 것이, 이제는 자리를 잡은 행태재무학 분야에 일종의 자극제가 되었다.

　행태재무학은 심리학에서 나온 아이디어를 행태재무학이 아니라면 설명하기 어려운 금융시장의 현상들에 적용하려고 시도했다. 터무니없는 이유로 투자자들의 비이성적인 행태 때문에 하락하고 있는 주식들을 찾아내는 것이 과연 가능할까?

무엇이 가치주인가?

가치주는 회사의 본질 가치를 평가하는 몇 가지 기준에 비해 유난히 싼 주식이다.

〈표 5-1〉에서 보듯 저평가 상태를 밝혀내기 위해 오랫동안 사용하고 있는 몇 가지 평가 기준이 있다. 이들은 회계적인 수치를 활용한다.

〈표 5-1〉 가치주와 인기주를 구별하는 비율들

측정 대상	비율	약칭	가치주 예상	인기주 예상
이익	주가수익비율	PER	저	고
자산 장부가치	주가순자산[유형자산]비율	P[T]BV	저	고
현금흐름	주가현금흐름비율	PCF	저	고
매출액	주가매출액비율	PSR	저	고
배당금	배당수익률	DY	고	저

어떤 회사가 보유하고 있는 자산을 평가할 때 많은 가치투자자들은 유형자산만을 사용한다. 이 때문에 그들이 선호하는 비율은 PBR이 아니라 PTBV가 된다.[1]

무형자산은 수백억 달러(예를 들어 코카콜라의 트레이드마크)가 될

---

1) 원서에서 PBV와 PTBV로 쓰고 있지만 국내 독자들의 편의를 위해, PBV는 국내에서 많이 사용하는 PBR로, PTBV는 많이 사용되지 않아 원서대로 PTBV로 쓴다.

수도 있고 전혀 가치가 없을 수도 있다.[2] 무형자산이 실제로 얼마만큼의 가치가 있는지는 전적으로 관점의 차이에 달려 있다. 그래서 일부 보수적인 가치평가법은 원론적으로 당신이 단지 만질 수 있는 자산만 사용한다.

심지어 악성이 되어가고 있는 부채조차도 채권추심회사에 할인되어 팔릴 수 있다. 그러면 당신은 그 회사가 당신을 위해 지불해준 돈을 찾으러 은행에 가서 돈을 찾을 수 있다. 당신은 코카콜라의 트레이드마크 권리가 얼마의 가치가 있든지간에 그것을 손으로 만질 수는 없다.

〈표 5-1〉에서 배당수익률은 유별난 수치이다. 왜냐하면 다른 것들과 달리 정반대로 계산되기 때문이다. 그 위 4개 비율은 모두 주가를 첫번째 칸의 수치로 나눈 것이다. 그러나 배당수익률은 배당금을 주가로 나눈 것이다.

이런저런 이유로 어떤 사람도 주가를 배당금으로 나눈 것을 사용하지 않는다. 당연히 어떤 사람도 '주가배당금비율(PDR)'에 관해서 말하지 않는다. 배당수익률이 인기를 끌게 된 것은 채권수익률이나 예금이자 등과 같은 다른 수익률과 쉽게 비교할 수 있기 때문이다.

가치주는 위에 있는 '가치주 예상' 칸에 들어맞는 최소한 하나 또는 모든 투자 비율(예컨대 저PER이나 고배당수익률)을 가질 수 있게 된다.

---

[2] 2000년도에 어떤 회사는 유형자산을 전혀 갖고 있지 않은 인터넷 회사에 지불한 돈이 수십억 달러였다. 수년 후에 그 회사는 거의 가치가 없는 것으로 나타났지만 아직 몇 명의 직원이 있고, 여전히 장부에 기재되고 있다.

보통 가치주는 사람들이 이미 들어서 알고 있을 법한 그런 류의 주식들로, 특별히 그 회사의 제품이나 서비스를 이용한 적이 있다면 더욱 잘 알고 있을 것이다. 이 책에서 사례로 사용된 헤인즈는 만약 당신이 자동차 수리에 관심이 있다면 그 회사에 대해서 익히 알고 있을 법한데, 저PER을 가지고 있는 전형적인 가치주이다. 헤인즈는 경제신문에 자주 나오지는 않는데 이는 이 회사가 투자자에게 인기가 없기 때문이다. 물론 이것은 투자자들이 매력을 갖는 요소가 되기도 한다. 무관심은 주식가격을 낮게 형성시킨다.

가스, 전기, 수도 등 유틸리티 회사들도 전형적인 가치주들이다. 저PER, 고배당수익률 그리고 매우 지루하다는 점에서 그렇다. 당신이 저녁 회식에서 그런 주식들에 대해 얘기를 하려고 하면 따분한 사람이라는 인식과 함께 그 주식을 가지고 있어서 부럽다는 시선을 거의 받지 못한다. 가치주의 단점이라면 단점이다.

인기주는 가치주와는 딴판이다. 즉, 멋진 저녁 파티에서 사람들이 화제에 올리는 흥미로운 주식이다. 2000년도에 사람들은 기술주, 특히 인터넷주를 화제에 올렸다. 1970년대에는 전기회사 주식이었다. 19세기 중반으로 돌아간다면 철도회사가 그랬다. 그리고 광산회사가 사람들의 입길에 올랐다.

인기주의 투자 척도는 가치주와는 정반대이다. 인기주는 20배, 25배 그 이상의 PER을 가지고 있을 수 있다. 그리고 배당금을 지급한다고 해도 배당수익률은 고작 1%나 2% 수준에 불과하다.

워런 버핏은 "사람들은 열광적인 대중의 의견에 높은 가격을 지불한다"고 말했다. 학계에서도 인기주는 시장수익률을 밑돌고, 가치주는 시장수익률을 웃돈다는 사실에는 논쟁의 여지가 없다.

무엇이 밸류 프리미엄인가?

밸류 프리미엄은 일반적인 투자서보다는 재무학계의 잡지 등에서 더 자주 언급되지만, 가치투자의 전반적인 아이디어를 잘 설명해주는 용어이다. 만약 당신이 가치주 포트폴리오를 보유하고 있다면 수년간에 걸쳐 시장 평균보다 나은 성과를 낼 것이고, 인기주 포트폴리오보다도 나을 것이다. 이것은 아주 정확하게 계량화되고 있다. 다시 말해 가치주는 시장을 평균적으로 매년 3~4%포인트 차이로 앞선다. 인기주는 똑같은 차이로 시장에 뒤진다.

그러나 이것이 매해 일어나는 일은 아니다. 실제로는 수년간은 인기주가 아주 쉽게 가치주를 앞설 수도 있다. 바로 이 점이 가치투자 전략을 사용하는 펀드매니저에게는 정말 큰 문제가 될 수 있다. 만약 그 펀드매니저들이 시장 평균을 단 4분기만 밑돌아도 그들은 정말로 직장을 잃을 수도 있고, 고객들이 거금을 인출해가는 상황을 목격하게 될지도 모른다. 1995년부터 2000년까지 인기주는 매년 가치주를 앞섰다. 그러나 이 책에서 얘기하는 것은 수십 년에 걸친 장기적인 평균치이다.

많은 투자 평론가들의 주장처럼 주식은 장기투자에 적합하다. 복

〈표 5-2〉 250파운드어치 어린이펀드의 18년 후 최종 가치

투자 유형	연평균 복리수익률	18년 후 최종 가치
인기주	4%	506파운드
인덱스펀드(시장 평균)	7%	845파운드
가치주	10%	1,390파운드

리가 부리는 마법의 사례로서 차일드 트러스트 펀드(CTF)[3]의 18년이라는 기간을 활용해보자. 이 펀드는 영국 정부가 재정을 지원하는 어린이용 저축성 계좌이다. 2010년 후임 연립정부는 신규 CTF 개설을 대폭 삭감했지만, 2002년 이후 출생한 어린이들을 위한 수백만 개의 CTF가 지속될 것이다.

앞에서 언급한 가치주나 인기주의 성과에 장기간에 걸쳐 연평균 복리수익률을 이용하면 〈표 5-2〉와 같이 된다.

가치주에 투자하는 CTF는 인기주에 투자하는 CTF에 비해 거의 3배나 더 가치가 불어났다. 물론 시장 평균치 7%를 달성하는 것도 예측하기 힘들다. 실제 18년에 걸친 시장 평균수익률은 경우에 따라 더 높을 수도 있고, 더 낮을 수도 있다. 그러나 그런 긴 기간에 걸쳐 가치주와 성장주에 발생한 격차는 매우 예측 가능한 것이다.

투자 기간이 훨씬 긴 연금의 경우에는 그 격차가 더욱 확연하게

---

[3] 영국 정부는 금융 신세대를 양성해 금융 선진국 명성을 확대해 나가겠다는 의도로, 2002년 9월 차일드 트러스트 펀드(Child Trust Fund) 제도를 전격 도입했다. 영국 어린이들은 만 10세가 되면 차일드 트러스트 펀드에 의무적으로 가입해야 한다. 연간 250파운드씩 적립해야 하며 만 18세가 될 때까지 인출할 수 없다. 가정 형편이 어려운 학생들에게는 정부에서 보조해준다.

〈표 5-3〉 1,000파운드를 연금펀드에 투자했을 때 40년 후의 최종가치

투자 유형	연평균 복리수익률	40년 후 최종 가치
인기주	4%	4,801파운드
인덱스펀드(시장 평균)	7%	14,974파운드
가치주	10%	45,259파운드

나타난다. 25세의 젊은이가 1,000파운드를 개인연금(SIPP)[4]에 투자한다고 가정하자. 그는 65세에 은퇴할 계획이고, 따라서 그에게는 자금을 키울 40년의 시간이 남아 있다.

40년 후에 가치주와 인기주에 각각 투자한 펀드의 최종 가치는 10배 정도로 차이가 벌어졌다. 이것이 시사하는 바는 자기 돈을 연금에 투자하는 사람은 누구라도 첫째는, 가능하면 최대한 빨리 복리 흐름에 올라타야 한다는 것이고, 둘째는 자금의 상당액을 주식에 유지하는 것이 좋고, 그것이 가치주이어야 한다는 것이다.

하지만 이런 조건에 맞는 공모형 연금펀드를 찾을 수는 없을 것이다. 아마도 대부분의 펀드들은 시야가 훨씬 더 짧은 기간에 쏠려 있기 때문에 채권, 주식 그리고 부동산(실물자산) 등으로 균형 잡힌 포트폴리오를 가지고 있을 것이다. 그도 그럴 것이 그들은 걱정 많은 당장의 연금수령자에게 지불할 돈을 가지고 있어야 한다. 채권과 부동산을 통해 들어오는 신뢰할 수 있는 수입이 현재의 부채(유동부

---

[4] 개인연금(Self-invested personal pension). 영국의 연금제도는 국가 주도의 공적 연금과 기업 혹은 개인 주도의 사적연금이 유기적인 연계를 이루고 있다—역자.

채), 즉 연금 지급 문제를 해결하는 데 도움이 된다.

또한, 직업적 펀드매니저의 경우도 장기적 관점의 결정이 끔찍한 단기적 결과를 초래할 수 있다. 1995년에 주로 가치주에 장기간 투자하기로 결정한 연금펀드매니저들은, 1999년과 2000년의 기술주 버블이 터지고 난 후 가치주가 마침내 성장주를 앞서기 훨씬 전에 직장에서 쫓겨나는 끔찍한 일을 당해야 했다.

대표적인 가치투자자 4인

가치투자와 이를 실천하는 투자자들에 대해 많은 이야기를 할 수 있지만, 이 책은 PER에 관한 책이다. 따라서 필자는 가장 잘 알려진 가치투자자 몇 명의 투자법에 대해서 간략히 요약하려고 한다.

이들의 투자 전략을 더욱 자세히 알고 싶다면 『현명한 투자자』(벤저민 그레이엄, 1949 그러나 결코 절판되지 않은)와 『역발상 투자』(데이비드 드레먼, 2012)를 추천한다.

1. 워런 버핏 (1930~)

철학적 원칙의 문제로서 가치투자 아이디어를 따르는 소수의 유명한 투자자들이 있다. 그중 한 명이 워런 버핏이다. 그는 가장 유명한 가치투자자이다.

그가 만들어낸 명언은 그가 보유한 어마어마한 재산만큼이나 유명하다. 그중 하나는 "당신이 가치투자에 대해 들었을 때 가치투자가 당신의 마음을 사로잡을지, 결코 그렇지 못할지는 딱 10분 안에 결정된다"는 말이다.

모든 가치투자자가 똑같은 공식을 따른다는 말은 아니다. 설사 똑같은 교회를 다닌다고 해도 그들은 모두 서로 다른 투자법을 가지고 있고, 같은 시기와 같은 지역에서 투자를 했다고 해도 틀림없이 서로 다른 회사의 주식을 샀을 것이다.

버핏의 투자 관리회사인 버크셔 해서웨이는 미국에서 가장 큰 회사 중의 하나이다. 실제로 버핏은 엄청난 부 덕분에 세계에서 가장 유명한 투자자이다. 수년 동안 그와 그의 친구인 빌 게이츠는 세상에서 가장 부유한 두 사람이었다.

그의 '좋은 회사를 적절한 가격에 사는 것'과 '그것을 영원히 보유하라'는 전략은, 최대한 싸게 사려고 노력하는 전통적인 가치투자자들과는 다소 다른 것이다. 그는 또한 '지속 가능한 경쟁 우위'를 주장했다. 폭넓게 사랑받는 브랜드, 우수한 비즈니스 모델, 지속 가능한 경쟁 우위는 회사가 향후 수년에서 수십 년 동안 아주 탁월한 수익성을 기록할 수 있도록 해준다는 것이다.

아주 수익성이 좋고, 매우 예측 가능한 회사들을 선호함으로써 버핏은 '만족할 만한' 성과를 내오고 있다. 1967년부터 2007년까지 40년 이상 버크셔 해서웨이의 연평균 수익률은 24.7%에 달했다.[5]

몇 가지 측면에서 버핏의 투자법은 다른 투자자들과 대조를 이룬다. 예컨대, 버크셔 해서웨이는 많은 회사를 소유하고 있는데, 공짜 재원 역할을 하는 보험회사를 포함하고 있다.

버핏은 보험을 '지금 끌어모아서, 나중에 지불하는' 모델로 묘사한다. 왜냐하면 궁극적으로 보험회사가 취하는 대부분의 프리미엄은 미래의 지급 요청에 따라 지불될 것이기 때문이다. 그러는 사이, 그 '공짜 재원(플로트float라고 불린다)'을 투자할 수 있다. 2009년의 경우, 690억 달러에 달하는 공짜 재원이 있었는데, 거기서 나오는 수익은 버크셔 해서웨이의 것이다.

공짜 돈에 대한 접근권은 대다수 투자자들이 누릴 수 있는 '사치'가 아니다. 성공한 사업가들이 버핏에게 적정한 돈을 받고 회사를 넘긴 후 기꺼이 버크셔 해서웨이의 일원이 되고자 하는, 버핏이 가진 평판을 다른 투자자들은 가지고 있지 않은 탓이다.

뒤에서 소개할 두 명의 투자자와는 달리 워런 버핏은 투자에 관한 책을 직접 쓰지 않았다. 그럼에도 워런 버핏을 다룬 책이 많다. 버핏의 투자법을 밝히려는 다양한 시도를 하고 있지만, 버핏이 결코 구체적으로 밝힌 적이 없기 때문에 해석이 각양각색이다.

또한 해마다 워런 버핏이 직접 작성해 주주에게 보내는 연차보고서가 있는데 버크셔 해서웨이 웹사이트에서 무료로 볼 수 있다. 시간 날 때마다 정말 읽어볼 만하다.

---

5) 2016년 결산 버크셔 해서웨이의 사업보고서에 따르면, 2016년 주가가 23.4% 오르는 등 1965년부터 2016년까지 52년 동안 연평균 복리수익률 20.8%를 기록했다―역자.

예컨대, 2002년 서한에서 버핏은 파생상품을 '대량 파괴용 금융 무기'라고 경고했는데 머지않아 CDO(부채담보부증권), CDS(신용부도스와프) 같은 시장이 점점 커져 갔고 결국에는 2008년에서 2009년 사이 글로벌 금융 시스템을 뒤흔들어 파국으로 몰고 갔다.

2. 벤저민 그레이엄 (1894~1976)

워런 버핏은 그가 투자자로서 성장하게 된 계기가 콜롬비아대학에서 벤저민 그레이엄 교수와 동료교수인 데이비드 도드 밑에서 배웠기 때문이라고 생각한다. 두 사람은 나중에『증권분석』을 공저했는데, 오늘날까지도 여전히 가장 많이 읽히는 투자의 교본으로 남아 있다. (그 책의 내용 중 절반이 채권 투자에 관한 것인 탓에, 좀 더 정확하게 표현하면 그 책의 절반이 오늘날까지도 폭넓게 읽히고 있다고 해야 할 것 같다.) 워런 버핏은 그 책의 6판에 쓴 추천사에서 다음과 같이 말했다.

"나의 지적 오디세이는 내가 벤저민과 데이비드를 만나자 끝났는데 처음에는 그들의 저작물을 통해서, 그리고 나중에는 직접 만나고 나서다. 그들은 내게 투자에 관한 로드맵을 펼쳐보여줬고, 나는 57년이 지난 지금도 그 길을 따라가고 있다. 다른 데를 곁눈질할 아무런 이유도 없었다."

벤저민 그레이엄은 20세기의 미국 투자 역사의 상당 부분에 걸쳐 금자탑을 쌓았다. 제자인 버핏이 1950년대에 그의 밑에서 일하고 난 후부터이다.

그의 다른 저서인 『현명한 투자자』(1949)는 정확한 글쓰기와 능청맞은 위트의 극치를 보여준다. 그 책의 가치에 대해서 "지금까지도 투자에 관한 최고의 책"이라는 워런 버핏의 말에 전적으로 동의한다.

그레이엄은 상당한 안전마진이 있을 때에만 주식을 산다. 안전마진은 매수하는 주식의 가격과 그가 생각하는 그 회사의 가치 사이의 차이를 말한다.

또한 그는 투자와 투기에 대한 명확한 정의도 내렸다.

"투자 행위란 철저한 분석을 통해 원금의 안전과 적절한 수익을 보장하는 것이다. 이런 조건에 맞지 않는 행위는 투기다."

그는 주식 분석에서 감정은 분명히 배제되어야 한다고 말한다. 단지 이용할 수 있는 수치들에 따라 사업하듯 투자해야 한다. 다른 사람들이 동의하거나 동의하지 않는다고 투자자가 맞거나 틀린 것이 아니다. 다시 말해 그가 취하는 사실이 맞고 분석이 맞기 때문에 그가 맞는 것이다.

똑같은 논리가 오늘날 훨씬 대중적인 과학 이슈에 관한 논쟁에도 적용된다. 일기예보가 그렇다. 기후 변화 과학자들의 예측들은 단지 그들의 데이터가 옳은지, 그리고 그들의 모델이 현실적인지에 따라서만 옳거나 틀리다. 기후 변화 모델들에 대해 잘 알지 못하는 사람들로 구성된 2,000명이 비공식적으로 투표한 결과에 달려 있는 것이 아니다.

누군가 당신에게 과학계의 여론이 자신의 의견을 지지한다고 한다면 그는 그의 견해가 완벽하지 못하다고 넌지시 시인하는 것이나 마찬가지다. 누구도 아인슈타인의 상대성이론이나 퀀텀 법칙에 관한 과학계 동의를 구하지 않는다. 다시 말해 할 수 있는 모든 테스트가 그것을 증명하기 때문에 그것이 옳은 것일 뿐이다.

또한 그레이엄은 비이성적인 '미스터 마켓'의 개념을 소개했다. 미스터 마켓은 매일 당신을 찾아와 주식을 사거나 팔라고 말한다. 그러나 미스터 마켓은 조울증이 있어서 주식 가격을 높게 부르기도 하고, 낮게 부르기도 한다. 그의 감정 변덕을 이용할지 말지는 당신한테 달려 있다. 당신이 거래를 거절한다고 해도 미스터 마켓은 내일이면 어김없이 다시 나타날 것이다. 이런 아이디어를 가지고, 그레이엄은 시장의 변덕을 설명하려고 시도하는 행태재무학 교수들에 선수를 쳤다.

회사 재무제표를 꼼꼼히 분석하는 작업을 통해 그는 후세대 가치투자자들에게 영감을 줬다. 컴퓨터 시대가 도래한 후 그는 투자 기준을 충족하는 회사들을 걸러내, 시장 평균을 훌륭히 웃도는 포트폴리오를 조합하는 새로운 주식투자 시대의 선구자가 되었다.

3. 데이비드 드레먼 (1936~)

그런 컴퓨터 시대의 한 명이 데이비드 드레먼인데, 그는 전문 펀드매니저였다.

그의 회사인 드레먼 밸류 매니지먼트는 2012년에 44억 달러의 펀드를 운영하고 있었다. 그 회사는 공모 펀드를 통해서나 부유한 개인투자자들에게 저PER·역발상 전략들을 제공했다.

드레먼도 벤저민 그레이엄처럼 몇 권의 책을 썼다. 가장 최근에는 『역발상 투자』를 2012년에 내놓았다. 이 책은 훌륭한 책이다. 그러나 드레먼에게는 미안하지만, 그레이엄의 수준에는 미치지 못한다는 내 평가에 개의치 않았으면 좋겠다.

이 책은 가치투자에 기회를 제공하는 투자자들의 행동 편향에 대해 아주 구체적으로 다루었다. 그리고 효율적 시장에 관한 학계의 찬반 의견에 대한 개략적인 설명과 함께 드레먼이 좋아하는 투자 전략 몇 가지를 제시한다. 대부분 PER을 토대로 하고 있지만 〈표 5-1〉에서 설명했던 다른 가치 척도들을 사용하는 것 역시 다루었다.

드레먼은 어떻게 이런 가치 척도들을 회사 규모에 따른 기준들과 결합할 수 있는지를 설명한다. 예를 들어 오직 대규모 회사에만 투자한다든가, 아니면 작은 회사에만 투자한다든 하는 식이다. 특정 산업에만 투자할 수도 있다.

기준을 여러 개 결합하여 사용할 수도 있다. 예를 들어 고PER을 가진 산업에 속한 저PER을 가진 주식에만 투자하는 것이다. 꽤 많은 필터의 조합이 있는데, 단지 소수의 조합만이 검증되었다는 점이 문제라면 문제다.

드레먼이 '가치투자'라는 말 대신 '역발상 투자'라는 용어를 사용한 것도 살펴봐야겠다. 그는 역발상 투자라는 말을 저PER 같은 훌륭한 척도를 가지고 있는데도 아무도 관심을 갖지 않아서 소외된 주식을 사는 것을 의미하는 데 사용했다.

역발상의 또다른 의미는 단순히 주가가 떨어졌기 때문에 주식을 사는 것으로 볼 수 있는데, 예를 들어 작년에 90% 떨어졌기 때문에 사는 식이다. 성가시게 그 회사의 진정한 가치 따위를 따지지는 않는다.

이런 접근법은 이를 뒷받침하는 학계의 증거가 부족한데다, 왜 그래야만 하는지에 대한 이유도 없다. 물론 남들이 동의하지 않는다고 해서 그런 주식을 사는 것이 맞는 것도 아니고, 틀린 것도 아니다. 그 밖의 다른 수치적인 증거를 살펴볼 필요가 있을 뿐이다.

4. 앤서니 볼턴 (1950~)

영국에서 유명한 가치투자자는 다소 드물다. 그러나 가장 잘 알려지고 가장 오래 펀드매니저로 활동하고 있는 사람 중의 한 명이 바로 앤서니 볼턴이다.

그는 피델리티 스페셜 시츄에이션 펀드가 개설된 1979년부터 운용을 맡았다. 2007년 펀드 운용에서 물러났지만, 1979

년부터 2007년 사이에 그는 투자자의 돈을 147배나 불렸다. 2010년 볼턴은 홍콩으로 건너가 중국에 투자하는 스페셜 시츄에이션 트러스트를 운용했다.6)

볼턴의 투자법은 이제는 잘 알려져 있다. 대다수 투자자들이 현재는 선호하지 않는 주식이지만 1~2년 후에는 다시 선호하게 될 수 있는 저평가된 주식에 투자하는 것이 그의 투자법이다.

다른 많은 가치투자자와는 달리 볼턴은 매우 광범위하게 분산투자했는데 최대 200개 기업까지 펀드에 편입하기도 했다. 투자조합을 제외하면 런던에 상장된 회사는 약 1,300개이므로 시장 전체의 10분의 1을 넘는 셈이다.

결코 시장 인덱스를 따르지 않았기 때문에 볼턴의 수익률은 변동성이 있었다. 그러나 그는 탁월한 장기수익률을 올린 덕분에 오랫동안 자리를 지킬 수 있었다. "시장의 포트폴리오를 그대로 따라간다면 결코 시장을 이길 수 없다"고 볼턴은 말했다.

볼턴이 강조했던 또 하나의 지침은, 회사 경영자들에 대한 평가에 크게 영향을 받지 말라는 것이다. 볼턴의 견해에 따르면 인터뷰를 잘하고 애널리스트의 질문에 잘 답변하는 경영자들이라고 해서, 매일 매일 회사를 경영하고 회사의 수익을 장기적으로 성장시키는, 훨씬 더 어려운 일들에서 더 좋은 성과를 낸다는 보장은 없다.

이 점은 워런 버핏의 견해와는 다소 차이가 있는데, 버핏은 버크

---

6) 볼턴은 2014년 4월, 40년의 투자 인생을 마무리하고 현역에서 완전히 물러났다—역자.

셔 해서웨이가 매수할 후보회사를 직접 알아보고, 그 회사의 CEO를 법적인 양자로 간주할 수 있을 정도가 되어야만 투자를 결정한다. 이것만 봐도 성공한 가치투자자가 되는 길이 꼭 한 가지인 것만은 분명히 아니다.

논란의 여지가 없는 밸류 프리미엄

이 책은 가치투자보다는 PER에 관한 책이기 때문에 이제 PER을 더 잘 이해하기 위해 구체적으로 밸류 프리미엄에 대해 살펴보자.

저PER을 가진 회사가 고PER을 가진 회사를 웃도는 경향이 있다는 사실은 밸류 프리미엄에 대한 최초의 설명이었다. 최근 몇 년 사이에 인기가 다소 시들했지만 말이다.

1960년 3장짜리 논문에서 필라델피아의 프랜시스 니콜슨이라는 한 은행권 투자 매니저가 컴퓨터의 도움을 받지 않고 100개의 주식을 골라서 PER에 따라 포트폴리오 그룹을 선별했다. 그는 이 작업을 1939년부터 1959년까지 4번에 걸쳐 5년 기간을 반복해 수행했다. 가장 낮은 PER을 가진 회사의 5분의 1은 20년이 지난 후 원금이 14.7배로 불어나는 성과를 냈다. 반면 가장 높은 PER을 가진 주식들은 4.7배 불어나는 데 그쳤다.

니콜슨은 인기주가 고PER을 받을 만한 가치를 충분히 가지고 있다고 해도 때때로 주가가 회사의 이익보다 더 빠르게 오른다는 점을 지적했다. 특별히 예외적인 주식들에서 이런 극적인 가격 움직임이 지속되는데, 이런 예외적인 주식들이 바로 대중들로 하여금 고PER을 폭발적인 성장 잠재력과 주가가 정당하다는 증표로서 받아들이도록 한다.

그러나 언젠가는 현실을 있는 그대로 받아들일 때가 오게 마련인데, 고PER 주식이 형편없는 성과를 내는 단계가 그때이다.

니콜슨은 심리학자와 행태재무학자들이 이제는 가용성 편향 Availability heuristic[7]이라고 부르는 현상을 이미 지적하고 있었던 셈이다. 이는 사람들이 왜 자동차 사고보다 비행기나 기차 충돌사고를 더 두려워하는지에 관한 이유가 된다. 자동차 사고로 사람들이 훨씬 더 많이 죽는데도 말이다. 사람들의 마음을 사로잡는 것은 비행기 추락 사고처럼 훨씬 더 끔찍한 사건들이다.

니콜슨의 논문에 대한 재무학계의 반응은 거의 없었다. 그나마 두 개의 논문이 있었는데, 하나는 니콜슨을 지지했고, 또 하나는 생존편향 survivorship bias[8]을 비판했다. 니콜슨은 1960년까지 여전히 존재했던 회사들만 포함했는데 이 때문에 과대추정된 수익률이 나왔다. 보유하고 있는 동안 파산한 회사는 포함시키지 않았기 때문이다.

꼭 생존 편향이 아니더라도 1960년대 중후반 효율적 시장 이론에

---

7) 자신의 경험이나 자주 들어서 익숙하고 쉽게 떠올릴 수 있는 것들을 가지고 세계에 대한 이미지를 만드는 것-역자.

8) 죽거나 망해서 사라진 데이터를 포함하지 못하고 현존하는 데이터만을 분석함으로써 발생하는 오류-역자.

〈표 5-4〉 가치지표별 수익률 비교

PER	평균수익률	PSR	평균수익률	PBR	평균수익률
〈 10	131%	〈 0.6	138%	〈 0.3	149%
10~12	87%	0.6~1	108%	0.3~0.6	112%
12~15	88%	1~2	107%	0.6~1	91%
15~20	75%	2~5	89%	1~1.5	90%
〉20	71%	〉5	69%	〉1.5	86%

* PER, PSR, PBR로 분류한 7년 평균수익률(니콜슨, 1968)

대한 믿음이 퍼져있는데다, 학계에 몸담고 있지 않은 사람의 "특정 주식들의 조합이 더 나은 성과를 낼 수 있다"는 주장은 환영받기 힘들었다.

그러나 니콜슨은 뜻을 굽히지 않았고 1968년에 또 하나의 논문을 발표했다. 그는 그제서야 컴퓨터를 쓸 수 있게 되었다. 이번에는 1937년부터 1962년까지 거의 200개 기업들을 살펴보고 주가매출액비율(PSR)과 주가순자산비율(PBR)이 PER과 똑같이 작동하는지 체크했다. 〈표 5-4〉에서 7년 보유 기간에 걸친 니콜슨의 결과물을 볼 수 있다.

사용했던 회사의 가치척도가 무엇이든지 간에 니콜슨은 유사한 결과를 얻었다. 다시 말해 가치척도가 낮으면 낮을수록 더 나은 수익률을 냈다. 그는 또한 주식들을 2단계로 분류하려고 했는데 이는 최근에 더욱 유행하고 있는 또 하나의 방법(이른바, 합성전략 혹은 콤보전략)이다. 즉, 저PER을 가진 회사 '그리고' 저PBR을 가진 회사들의 조합이 더 나은 성과를 가져다준다는 것이다.

실제로 주식투자를 했던 그는, 별다른 근거도 없이 마치 정상인 것처럼 PER 20배나 50배를 제시하는 애널리스트 리포트를 비판했다. (많은 재무학계 연구자들은 주식을 한 주도 소유하지 않았는데, 주식투자를 일종의 지적 게임의 일종으로 본 것 같다.[9])

니콜슨은 상식을 반영하고, 자산이나 매출액, 감가상각 같은 회사의 경영수치를 현재 주가에 연계시키는 것이 반드시 필요하다고 봤다.

가치주가 더 나은 성과를 낸다는 사실에는 이제 학계 어디에서도 더 이상 논쟁이 없다는 점을 강조한다. 수년에 걸쳐 다른 방법론과 다른 나라에서 다른 시기별로 수백 개의 연구가 행해졌다. 그럼에도 정말 한결같이, 그들은 똑같은 점을 지적한다. 즉, 가치주를 어떻게 정의하든지 간에 가치주는 장기적으로 시장 평균보다 더 나은 성과를 가져다준다. 반면에 인기주는 시장 평균에도 못 미친다.

남은 논쟁은 가치주의 탁월한 성과가 명확하지 않은 어떤 리스크 때문인지 아닌지에 관한 것이다. 또는 가치주 투자가 정말로 더 나은 투자라고 딱 잘라서 말할 수 있느냐는 것이다. 예를 들어, 갑작스러운 경기 후퇴가 발생한다면 아마도 가치주가 특히 나쁜 성과를 낼지도 모른다.

---

9) 그렇지 않다면 그들은 주식을 살 수 없을 정도로 너무 가난하거나, 주식시장을 완전히 로또 복권방 정도로 생각하는 것일 수 있다.

그러나 이런 논쟁은 재무학계의 문제일 뿐이다. 당신이 가치주를 어떻게 정의하든지 간에 어떤 특정 주식의 조합이 장기적으로는 정말 신뢰해도 될 만큼 시장을 앞서는 것으로 나타나기 때문이다. 이것은 뒤에서 다룰 효율적 시장 이론에 대한 공격이 된다.

▶▶ 핵심 포인트 ◀◀

☑ 가치주는 회사의 본질 가치를 평가하는 몇 가지 기준에 비해 유난히 싼 주식이다.

☑ 가치주는 시장을 평균적으로 매년 3~4%포인트 차이로 앞선다. 인기주는 똑같은 차이로 시장에 뒤진다.

☑ 아주 수익성이 좋고, 매우 예측 가능한 회사들을 선호함으로써 워런 버핏은 '만족할 만한' 성과를 내오고 있다.

☑ 컴퓨터 시대가 도래한 후 벤저민 그레이엄은 투자 기준을 충족하는 회사들을 걸러내, 시장 평균을 훌륭히 웃도는 포트폴리오를 조합하는 새로운 주식투자 시대의 선구자가 되었다.

☑ 데이비드 드레먼은 역발상 투자라는 말을 저PER 같은 훌륭한 척도를 가지고 있는데도 아무도 관심을 갖지 않아서 소외된 주식을 사는 것을 의미하는 데 사용했다.

☑ "시장의 포트폴리오를 그대로 따라간다면 결코 시장을 이길 수 없다"고 앤서니 볼턴은 말했다.

☑ 저PER을 가진 회사가 고PER을 가진 회사를 웃도는 경향이 있다는 사실은 밸류 프리미엄에 대한 최초의 설명이었다. 1960년 프랜시스 니콜슨은 100개의 주식을 골라서 PER에 따라 포트폴리오 그룹을 선별했다. 가장 낮은 PER을 가진 회사의 5분의 1은 20년이 지난 후 원금이 14.7배로 불어나는 성과를 냈다. 반면 가장 높은 PER을 가진 주식들은 4.7배 불어나는데 그쳤다.

☑ 1960년대 중후반 효율적 시장 이론에 대한 믿음이 퍼져있는데다, 학계에 몸 담고 있지 않은 사람들의 "특정 주식들의 조합이 더 나은 성과를 낼 수 있다"는 주장은 환영받기 힘들었다.

☑ 사용했던 회사의 가치척도가 무엇이든지 간에 니콜슨은 유사한 결과를 얻었다. 다시 말해 가치척도가 낮으면 낮을수록 더 나은 수익률을 냈다.

Chapter 6

효율적 시장과 비이성적 투자자
- PER 효과는 여전히 수수께끼

 이번 장에서 다룰 내용에 대해 대학에서 재무학을 공부한 독자라면 "나도 해보고, 가봐서 잘 안다"라는 식으로 말할지 모르겠다. 그런 독자에게는 더더욱 재무학계가 어떤 단계를 거쳐 왔는지를 살펴보는 것은 PER과 그것을 활용하는 법에 관한 책에서 기대하는 종류의 것이 아닐 수 있다.
 기업 재무 코스를 밟지 않은 독자에게는 이것이 매우 높은 수준의 효율적 시장 이론에 관한 개론이라고 미리 말해두고자 한다. 그럼에도 이 부분이 특히 흥미롭다고 느끼는 사람은 일반적인 기업 재무 교과서에서 좀 더 광범위한 사항을 볼 수 있을 것이다.
 여하튼 학문적 배경을 간략히 살펴보는 것은 정말 필요하다. 밸류 프리미엄을 제대로 이해하는 데 도움이 되기 때문이다. 그래서 대학에서 기업 재무 코스를 이수하는, 혜택 같지 않은 혜택을 받지 못한 독자들을 위해 여기서 몇 개의 그래프로 어떻게 자산 가격이 정해지는지에 관한 수십 개의 재무학계 연구자들의 연구성과를 간략히 살펴보려고 한다.[1] 만약 이미 이 모든 것을 잘 알고 있어서 이 장을 건너뛰기로 했다면 그렇게 해도 무방하다.

시장이 정말로 효율적이고, 모든 뉴스가 나오자마자 반영되어 가격이 정확히 조정된다면 당신의 분석은 대부분 거의 쓸모가 없게 된다. 앞으로 더 나아질 당신보다 더 잘 훈련받고, 더 많이 알고 있는 애널리스트들이 이미 분석을 해오고 있고, 그들의 모든 분석은 이미 시장 가격에 반영되어 있기 때문이다.

이런 상황이 진실이라면 위험 대비 최고의 수익을 얻기 위해서는 시장의 모든 주식들의 평균치를 효과적으로 보유하고 있는 지수추종펀드(인덱스펀드)를 사서 보유하면 된다. 당신은 수수료가 가장 싼 지수추종펀드를 찾아 가입하고, TV나 보면서 시간을 보내는 것이 훨씬 더 나을 것이다. 만약 그렇다면 이 책을 읽을 필요도 없을 것이다.

효율적 시장 이론

1970년 유진 파마가 처음으로 효율적 시장 이론을 제안했다. 파마

---

[1] 그런 코스를 이수했다는 것이 당신을 더 나은 투자자로 만들어줄 것이라는 데는 매우 의문이 들지만, 그것이 당신을 더 나쁜 투자자로 만들 수는 있을 것 같다.

는 전 세계적으로 재무학계에서 가장 잘 알려진 인물이다. 그는 45년 동안 유력 학술지에 수편의 관련 논문을 발표했다. 우리는 뒤에서 그의 논문 몇 편을 살펴볼 것이다. 마치 '음악의 아버지' 바흐처럼 한 사람이 한 평생 그렇게 많은 최고 수준의 작품을 만들어냈다는 것을 믿기가 어려울 정도다. 파마는 3단계의 효율적 시장을 제시했는데, 여기서 자세히 언급할 필요까지는 없을 것 같다.

파마가 제시한 기본적인 아이디어는 효율적 시장은 어떤 새로운 정보들도 즉시 회사의 가치에 관한 견해에 반영된다는 것이다. 이것이 바로 효율적 시장 이론EMH, Efficient Markets Hypothesis이다.

반영되어야 할 필요가 있는 '새로운 정보들'이란 어떤 의미일까? 모든 뉴스가 시장을 움직이게 하는 것은 아니다. 애널리스트와 시장 참여자들이 관심을 갖는 뉴스는 어떤 회사가 미래에 벌어들일 이익에 대해 투자자의 기대치를 변화시키는 뉴스이다. 만약 어떤 회사가 막 재무제표를 발표했는데 예상보다 더 많은 이익을 거뒀음을 보여준다면 그것은 투자자들의 기대치에 영향을 미칠 것이다.

주가 변화를 초래하는 가장 대표적인 사례는 공개매수를 발표하는 것이다. 공개매수는 투자자들에게 꽤 즉각적인 수익을 제공하는데 그것은 쉽게 정량화할 수 있고, 그래서 즉각적인 가격 변화를 가져온다.

다음의 그래프는 이런 사실을 분명하게 보여준다. 〈그림 6-1〉에서 회사에 관한 좋은 뉴스는 A점에서 나온다. 이 회사는 많은 애널리스트들이 담당하고 있는 대규모 회사이다. 가격이 즉각적으로 새

〈그림 6-1〉 효율적 시장과 그렇지 않은 시장

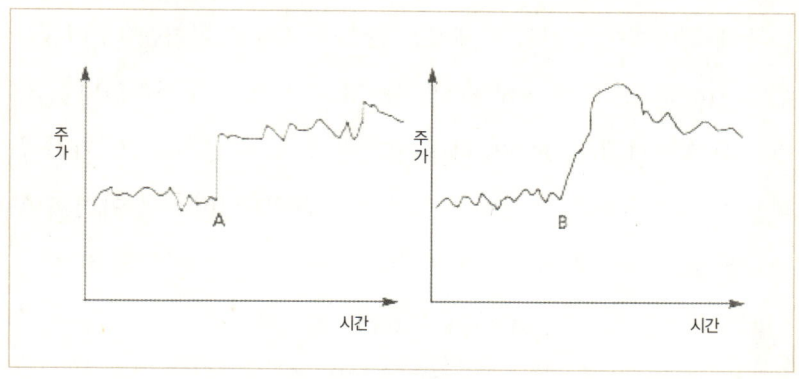

로운 고점으로 움직이고, (다소간) 거기에 머무른다. 이것은 효율적 시장이 어떻게 작동하는지를 한눈에 보여준다. 다시 말해 수십 명의 애널리스트들이 그 뉴스를 그 회사의 가치를 계산하는 프로그램에 포함시키고, 그리고 시장의 '지혜'는 즉각 새로운 균형 가격으로 정착하게 된다.

〈그림 6-1〉의 B점에서는 좋은 뉴스들이 나오지만 시장은 비효율적이다. 다시 말해, 가격이 조정되기까지 시간이 걸리는데, 이 기간 동안 눈치 빠른 사람들은 재빨리 매수에 나선다. 또한 나중에 주가가 하락할 때 과민반응이 분명히 나타났다.

이런 현상은 주요 시장에 상장된 소규모 주식들이나 AIM(영국의 중소기업 전용 증시)에 상장된 주식들에서 흔히 발견된다. 소형주는 하루 거래량이 대개 수천 주이고, 어떤 날들은 아예 거래가 없다. 이에 비해 대형주인 FTSE100 편입 주식의 경우 하루에 수천만에서 수

억 주가 거래된다.

　거래가 미미한 회사들은 새로운 균형 가격을 찾아가는 데 며칠이 후딱 지나간다. 그 주식에 관심 있는 소수의 개인 투자자들만이 뉴스를 보고 매매를 결정하기 때문이다. 대규모 기관투자자가 이런 주식을 모니터링 하는 것은 시간 낭비에 불과하다. 따라서 이런 주식은 소규모 개인투자자가 수익을 기대할 수 있는 주식이기도 하다.

　B의 변이는 몇 시간 혹은 며칠간 유지되는 그런 종류라는 것에 주목하라. 따라서 이 책에서 심층적으로 다루는 장기간 가치 변이의 유형은 아니다. 단지 더 작은 회사들에게서 단기적으로는 명백히 주가를 변화시킬 뉴스인데도 불구하고, 시장이 어떻게 효율적이지 않은지 보여주는 사례일 뿐이다.

　사실상 가장 큰 투자 기회들은 투자자들이 간과하는 회사나 섹터에서 나온다. 그런 변이들은 더 오랫동안 지속되는 경향이 있다. 이것이 바로 왜 가치투자자들이 더 참을성이 있어야 하는지의 이유를 설명해준다. 다시 말해, 개별 주식에 있어 제 가치를 찾지 못하는 저평가 기간이 5년 이상 지속될 수도 있다.

자본자산가격결정모형(CAPM)

　효율적 시장 이론을 뒷받침하는 또다른 지지대는 CAPM이다. 1964년 윌리엄 샤프가 제안한 이 모형은 시장이 어떻게 위험자산의 가치를 매기는지에 관한 이론을 다듬었다. 그는 1990년에 마침내 노벨경제학상을 받았다. (노벨상을 받으려면 머리도 좋아야 하지만 장수할 만큼 건강도 좋아야 할 것 같다. 샤프는 1934년에 태어났다.)

    샤프의 통찰력은 겉보기엔 단순하고 명료하다. 즉, 더 위험한 자산일수록 더 높은 수익을 기대해야 한다는 것이다. 그는 일련의 단순화된 가정들로 시작했는데 그가 말하는 시장은 파마의 완전한 효율적 시장과 수학적으로 동일하다고 할 수 있다. 몇 가지 가정은 대단히 합리적이었지만, 몇 가지는 매우 과장됐다. 그래서 그에게는 미안하지만, 현실 세계를 제대로 묘사했다고는 볼 수 없을 것 같다.

1. 완전 경쟁(모든 투자자들이 작은 규모이고, 제시받은 가격을 수용해야 한다. 즉, 과점 상태가 아니다.)
2. 모든 투자자들은 동일한 시간 지평을 공유하고 있다.(예를 들어 모든 사람이 단지 1년 이상만 투자한다.)
3. 모든 사람들이 무위험 이자율로 빌리고 빌려준다.
4. 세금이나 거래비용이 없다.
5. 모든 투자자들은 합리적인 평균-분산 기준에 따라 투자한다. 그들은 마코위츠의 포트폴리오 선택 모델을 이용한다.(기본적으로 그들은 수익률은 극대화하기를 원하는 반면 위험에 대한 걱정은 하고 싶어 하지 않는다.)
6. 동일한 기대들(모든 사람들이 미래 배당 지급이 불확실하다고 인식하지만, 그들 모두는 서로 다른 가능성과 그것이 일어날 확률에 대해 동의

한다.)

분명히 이 중 몇 가지는 다소 진실이다. 만약 당신이 세금과 거래 비용이 크지 않다고 가정한다면 그 모델의 예측치는 크게 달라지지 않는다. 다른 것들은 거대한 맹신이다. 투자자들은 제각각 아주 다른 시간 지평을 가지고 있다. 초단기 투자자부터 40년 후 받을 연금에 돈을 붓는 젊은 근로자에 이르기까지 말이다.

그러나 일단 샤프의 가정들을 받아들인다면 그것 모두는 간단하고 쉬운 일이다. 설령 그것이 아주 단순하지는 않아도 말이다.

1964년 샤프가 세운 이론은 수학적으로 역작이다. 샤프는 어떤 주식에 대한 기대수익률 또는 어떤 다른 위험자산에 대한 기대수익률은 고정금리 우량채권(영국의 무위험자산)에서 받을 수 있는 수익률에 더해 추가 리스크를 감수한 대가를 합한 것과 같아야 함을 보여준다. 이 대가는 다음 두 요인의 산물이다.

1. 주식의 베타

베타는 전체 시장 움직임에 대한 어떤 회사 주가의 민감도를 나타내는 이름이다. 베타값이 2인 회사는 시장의 두 배만큼 변동한다. 예컨대, 시장이 10% 오르면 그 주식은 20% 오른다. 다른 더 작은 회사들과 달리 헤인즈는 주식시장 움직임에 많은 영향을 받지 않는다. 그 회사의 베타값은 0.52이다. 만약 주식시장이 10% 오르면, 헤인즈는 5.2% 오른다.

2. 리스크 프리미엄

장기간(예를 들어 100년)에 걸쳐 국채와 비교해 주식이 거둔 초과수익률이다. 국채는 영국의 경우 무위험자산으로 받아들여진다. 영국 정부가 필요할 경우 세금을 올리거나 새로 돈을 찍어서라도 지불의무를 이행하려고 하기 때문이다.

어떤 주식도 매우 긴 기간 동안은 저평가되거나, 고평가될 수 없다. (원래의 CAPM에서 '얼마나 긴' 기간인지에 대해서는 명확하지 않다. 그것이 단일 시간 지평 모델인데도 말이다.)

장기적으로 봤을 때, 모든 주식들은 무위험수익률, 개별주식의 베타, 그리고 리스크 프리미엄에 따라서 가격이 책정된다.

아비트리지$_{arbitrage}$(차익거래)는 가격이 리스크와 보상 간의 균형을 반영하면서 균형점으로 돌아가려는 작동기제를 말한다.

투자자들은 주가가 제 가격보다 더 싸다고 생각할 때 주식을 사고, 주가를 끌어올린다. 또한 주가가 제 가격보다 더 비싸다고 생각하면 주식을 팔거나 공매도하는데, 이 때문에 주가는 떨어지게 된다.

CAPM과 관련해 학자들이 반가워할 만한 일은 그것이 틀렸다는 것을 증명할 수 있는 과학적인 모델을 제공한다는 점이다. 아주 일부에 불과한 명확한 반대 증거가 전체 아이디어가 틀렸다는 것을 입증할 수 있다.

'일부' 특정한 유형의 주식이 또다른 유형의 주식(예컨대, 고PER 주식 vs 저PER 주식)보다 지속적으로 더 좋거나, 더 나쁜 성과를 보여주는 것으로 나타난다면, 효율적 시장 그리고(혹은) CAPM의 아이디어는 불확실성에 놓이게 될 것이다.

차익거래가격결정이론(APT)

APT$_{\text{Arbitrage Pricing Theory}}$는 스티븐 로스가 1976년에 제안한 것이다. 로스의 생각은 어떤 주식에 해당되는 리스크의 원천은 매우 다양하다는 것이다. 단지 시장과 비교해서 얼마나 많이 주식이 변동하는지와 같은 것만 있는 것이 아니다. CAPM에서와 똑같이 무위험 수익률뿐만 아니라, 어떤 주식의 기대수익률은 이런 리스크 요인들의 각각에 달려 있다.

리스크 요인들은 로스의 원래 논문에서는 규정되지 않았다. 나중에 특정한 조합의 리스크 요인들을 검증했는데 다양한 결과를 보였다.

분명한 리스크 요인들은 인플레이션, 국내총생산, 금리, 특정 주식에는 영향을 줄 수 있는 그밖의 경제적 리스크에서의 예상치 못한 변화들이었다.

어떤 주식들은 다른 리스크 요인들에 비해 특정한 리스크 요인들에 더 민감하다는 것은 분명하다. 이것이 바로 왜 각각의 주식이 각각의 리스크 요인에 서로 다른 민감도를 가지는지의 이유가 된다.

이 모든 것이 매우 합리적으로 들리고, 주식의 위험도를 살펴보는 유용한 방식처럼 보인다.

APT가 가진 문제점은 그것이 매우 일반적이라는 것이다. APT는 '전체적으로는' 반박할 수 없다. 단지 특별한 조합의 리스크 요인들만 그럴 수 있다. 당신은 당신이 만든 특별한 조합의 리스크 요인들이 잘 작동하지 않는다는 것을 보여주는 검증들을 수행했을지도 모른다. 그러나 APT 옹호론자들은 당신이 잘못된 조합의 리스크 요인들을 검증했다고 간단히 말해버릴 수 있다.

효율적 시장 이론이나 CAPM, APT 그리고 관련된 모델들이 수년 동안 얼마나 광범위하게 재무학계 학자들의 사고를 지배했는지에 대해서는 아무리 강조해도 지나치지 않는다.

1970년대와 1980년대에는 특히, 시장이 정말로 효율적이지 않다거나, CAPM이 시장이 어떻게 가격을 결정하는지에 관해 설명하는 데 좋은 모델이 아니라는 내용의 어떤 주장도 쉽게 수용되지 않았다.

예를 들어 작은 회사들의 주식은 CAPM에서 기대하는 것보다 더 나은 수익률을 보인다는 어떤 반대의 증거도 생존 편향이나 데이터 마이닝의 한계라는 지적을 받으며 사라졌다. 연구자가 모든 리스크 요인들을 제대로 고려하지 않았다는 핀잔이나 들으면서 말이다.

데이비드 드레먼은 『역발상 투자』에서 그가 논문을 발표하면서 겪었던 어려움들에 대해서 썼다. 그의 논문들은 받아들여지지도 거절되지도 않은 채 어정쩡한 취급을 받았다. 1990년대나 2000년대가 되어서야 비로소 재무학계의 몇몇 원로들이 용기를 내어 반대의 목소리를 내기 시작했다.

그 결과, 가치주 같은 특정 유형의 주식이 보여주는 탁월한 성과가 효율적 시장에 반기를 드는 '진정한' 것인지, 아니면 그 연구자가 모든 가능한 리스크 요소들을 고려했더라면 사라질 수도 있는 단순히 '겉으로만 그럴듯한' 탁월한 성과인지에 관한 논쟁이 계속되고 있다. 이런 상황은 다른 사람에게는 별 쓸모가 없겠지만 재무학자들의 일자리 유지를 위해서는 아주 중요하다.

효율적 시장과 밸류 프리미엄

5장의 끝부분에서 프랜시스 니콜슨의 1960년과 1968년 논문을 살펴봤던 것을 떠올려보자. 그 논문들은 특정 유형의 주식들(저PER 주식)이 다른 유형의 주식들(고PER 주식)보다 더 나은 성과를 가져다준다는 것을 보여줬다.

1975년과 1977년 샌조이 바수의 논문은 니콜슨의 주장을 확인시켜주었다. 그는 포트폴리오를 운용했던 당시 시장에서 실제로 거래됐던 주식들을 대표하기 위해 상장폐지된 종목들을 포함시킴으로써 '생존 편향' 문제를 해결했다. 지금은 이 방식이 학계 논문에서도 표준이 되었다.

바수는 14년간에 걸쳐 매해 4월 1일, PER별로 주식의 등급을 매겼다. 그것들을 5개의 포트폴리오에 각각 5분의 1씩을 편입시켰다. 그리고 각각 포트폴리오의 1년간의 수익률을 계산했다. CAPM의 베타 계산은 상식적이었기 때문에 바수는 리스크가 성과의 차이를 설명할 수 있는지, 아닌지를 결정하려고 노력했다. 결과는 〈표 6–1〉과 같다.

수익률이 그룹 A에서 그룹 E로 갈수록 증가한다는 것은 매우 분명하다. CAPM의 예측과는 반대로 베타는 거의 상관관계가 없는 것처럼 보인다. 베타는 그룹별로 거의 변화가 없다. 그나마 변화하는 것도 '엉뚱한' 방향으로 가고 있는 것처럼 보인다. 즉 PER이 낮을수록 더 낮은 베타값을 가지고 있다.

저PER 포트폴리오의 추가적인 리스크에 대한 바수의 관심을 1978년 레이 볼이 이어받았다. 그러나 레이 볼은 특정 그룹에 속하는 주식들의 초과 성과를 통계적 가공물로 봤다.

그는 공짜나 거의 돈을 쓰지 않고 이용할 수 있는 정보는 장기적으로 초과 성과를 내는 전략의 기초가 될 수 없다고 주장했다. 다양한 관점의 설명들을 살펴본 후에 그는 최소한 그 문제의 일부는 그 모델에서 포함되지 않아야 할 다른 변수들의 대용물로서 PER의 움직

〈표 6–1〉 연간 수익률과 베타

PER 수준별 5개 그룹	연평균 수익률	베타
A(최고 PER)	9.3%	1.11
B	9.3%	1.04
C	11.7%	0.97
D	13.6%	0.94
E(최저 PER)	16.3%	0.99

* 자료 : 샌조이 바수, 1977

임 때문에 생긴다고 지적했다. 기본적으로 그는 PER은 모델에서 제외되어야 한다는 생각을 갖고 있었다. 왜냐하면 PER이 아직까지 규명되지 못한 리스크 변수에 상호 관련되어 있기 때문이라는 것이다.

이것은 옳은 것으로 증명되거나, 틀렸다는 것이 증명될 사안이 아니다. 데이비드 드레먼은 이런 관점을 18세기의 플로지스톤 가설Phlogiston theory에 비유했다. 플로지스톤은 불이나 녹과 같은 산화 작용 절차를 설명하려는 시도에서 나왔다. 플로지스톤 가설은 금속들을 원소들이 아니라, 플로지스톤과 금속성 광석과의 결합물로 보았다. 플로지스톤 그 자체는 무색, 무취의 액체이다. 용해가 플로지스톤을 배출하고, 연소할 때 플로지스톤은 결합하거나 공기를 포화시키는 연소체로 남게 된다.

무색, 무취의 이 액체를 존재하지 않는다고 증명하는 것은 어려운 일이었다. APT와 마찬가지로, 넓은 범주에서 볼의 제안이 틀렸다고 증명하는 것은 불가능하다. 당신은 당신이 사용하는 모델에 가능한 리스크의 많은 원천들을 포함시킬 수 있다. 그리고 아마도 그중 어느 것이든 간에 저PER 주식들이 더 위험한 것은 아님을 분명히 보여줄 수도 있다. 그러나 볼과 볼의 지지자들은 그저 단순히 당신이 뭔가를 놓쳤다고 말할 것이다. 그것은 정말로 과학이 아니다.

볼의 주장이 틀렸다는 것을 증명하려고 시도한 유명한 논문이 있다. 1993년에 논문을 발표한 풀러, 허버츠 그리고 레빈슨이 주인공들이다.

그들은 저PER 주식의 초과 성과를 설명할 수 있는 요인들을 폭넓게 포함시켰다. 그들은 베타, 산업 분류, 그리고 13개의 설명 가능한 다른 리스크 요인들(예컨대 이익 변동성, 레버리지, 해외 소득 등)을 고려했다. 그 결과, 다시 한 번 그들은 저PER 주식이 더 높은 수익률을 올린다는 사실을 발견했다. 그러나 그 모델에 포함된 요인들과 초과성과의 상관관계를 설명하지는 못한 채 다음과 같은 글을 남겼다.

"불행하게도, PER 포트폴리오를 구성한 후의 이익 성장도, 애널리스트의 예측 실수도, 누락된 리스크 요인들도 이런 이례적인 수익률을 설명하지는 못한다. PER 효과는 수수께끼로 남아 있다."

소형주 효과와 가치주 효과

오늘날 PER은 주류 투자 세계에서 그 어느 때보다 인기를 누리고 있다. 그러나 재무학계에서는 흘러간 물이 되고 있다. 재무학자들은 풀러, 허버츠, 그리고 레빈슨과 같은 방식으로 복합적인 다요인 모델들을 사용해서 어떻게 주식가격이 결정되고, 왜 가치주들이 평균적으로 더 나은 수익률을 내는지를 설명하려는 데 관심을 갖고 있다. 기본적으로 PER은 성과 예측과 관련된 다양한 요인과 복잡하게 섞여 있다. 관건은 그 모델이 만들어진 방식과 투입한 요인들이 무엇이냐에 따라 달려 있다.

예를 들어 소규모 회사가 장기적으로 더 나은 성과를 보인다는 사실은 1981년 마크 레인가넘의 연구를 통해 알려졌다. 안타깝게도 이런 소형주 효과는 잠깐 반짝했다가 없어진 것처럼 보인다고 런던 비즈니스 스쿨의 엘로이 딤슨과 폴 마시 교수가 1999년 지적했다. 실제로, 오로지 소형주에만 투자하는 펀드들이 일단 개설된 후에는 성과가 오히려 뒷걸음치고 말았다.

또 하나의 문제는 소형주들이 저PER을 갖는 경향이 있다는 점이다. (최소한 영국에서는 그렇다.) 그래서 소형주 효과가 투자자의 모델에서 PER 효과보다 더 중요한 것으로 판명될지 아닐지는 그 모델에 포함되는 요인들뿐만 아니라 어느 시기, 어떤 나라의 자료를 사용하느냐에 달려 있다.

원래의 CAPM에 대한 비판이 수년 동안 들려오고 있는데 이는 그 이론이 결코 설명할 수 없는, 수익에 있어 많은 변동성이 있다는 결코 사소하지 않은 사실 때문이다.

가치주는 명백한 허점 중의 하나로 보인다. 그리고 또 하나의 허점은 소형주이다. 이런 모순점을 해결하기 위해서 관련된 모델들이 제안되었다. 소비 근거 CAPM이나 시점 간 CAPM이 그것이다.(이에 대해서 알고 싶다면 재무학 대학원에 등록하라.)

그러나 정말로 광범위하게 받아들여질 수 있는 이론은 전무했다. 결국 유진 파마가 또다시 해결사로 등장하기 전까지는 말이다.

▶▶ 핵심 포인트 ◀◀

- [ ] 시장이 정말로 효율적이고, 모든 뉴스가 나오자마자 반영되어 가격이 정확히 조정이 된다면 당신의 분석은 대부분 거의 쓸모가 없게 된다.

- [ ] 1970년 유진 파마가 처음으로 효율적 시장 이론을 제안했다. 파마가 제시한 기본적인 아이디어는 효율적 시장은 어떤 새로운 정보들도 즉시 회사의 가치에 관한 견해에 반영된다는 것이다.

- [ ] 효율적 시장 이론을 뒷받침하는 또다른 지지대는 CAPM이다. 1964년 윌리엄 샤프가 제안한 이 모형은 어떻게 시장이 위험자산의 가치를 매기는지에 관한 이론을 다듬었다. 그는 1990년도에 마침내 노벨경제학상을 받았다.

- [ ] 샤프의 통찰력은 겉보기엔 단순하고 명료하다. 즉, 더 위험한 자산일수록 더 높은 수익을 기대해야 한다는 것이다..

- [ ] '일부' 특정한 유형의 주식이 또다른 유형의 주식(예컨대 고PER 주식 vs 저PER 주식)보다 지속적으로 더 좋거나, 더 나쁜 성과를 보여주는 것으로 나타난다면, 효율적 시장 그리고(혹은) CAPM의 아이디어는 불확실성에 놓이게 될 것이다.

- [ ] APT는 스티븐 로스가 1976년에 제안한 것이다. 로스의 생각은 어떤 주식에 해당되는 리스크의 원천은 매우 다양하다는 것이다. 단지 시장과 비교해서 얼마나 많이 주식이 변동하는지와 같은 것만 있는 것이 아니다.

- [ ] 분명한 것은 어떤 주식들은 다른 리스크 요인들에 비해 특정한 리스크 요인들에 더 민감하다는 것이다. 이것이 바로 왜 각각의 주식이 각각의 리스크 요인에 서로 다른 민감도를 가지는지의 이유가 된다.

- [ ] 1970년대와 1980년대에는 특히, 시장이 정말로 효율적이지 않다거나, CAPM이 시장이 어떻게 가격을 결정하는지에 관해 설명하는데 좋은 모델이 아니라는 내용의 어떤 주장도 쉽게 수용되지 않았다.

☑ 재무학자들은 어떻게 주식가격이 결정되고, 왜 가치주들이 평균적으로 더 나은 수익률을 내는지를 설명하려는데 관심을 갖고 있다. 기본적으로 PER은 성과 예측과 관련된 다양한 요인과 복잡하게 섞여 있다. 관건은 그 모델이 만들어진 방식과 투입한 요인들이 무엇이냐에 따라 달려 있다.

Chapter 7

PER을 홀대한 파마와 프렌치
– 3요인 모델의 소형주 효과와 가치주 효과

유진 파마와 그의 동료 켄 프렌치는 1990년대에 내놓은 일련의 획기적인 논문들에서 게임의 법칙을 바꾸어 놓았다.

데이비드 드레먼은 그들을 "뻔뻔하게도 30년의 세월을 과거로 밀어넣어버린 사람들"로 탐탁지 않게 묘사했는데, 그들이 가치투자자들의 옷가지를 훔쳐가는 것처럼 보였기 때문이다.

파마와 프렌치는 베타가 증권의 수익률 차이를 설명할 수 있다는 단순한 CAPM 입장으로부터 이미 벗어나 있었다. 그들은 논문들을 통해 회사 규모와 PBR(주가순자산비율) 효과가 주식 수익률을 설명할 수 있다고 주장했다. 곧이어 '파마와 프렌치의 3요인 모델'로 알려지게 된 주장을 통해 그들은 어떤 특정한 달에 주식에 대한 기대수익률은 무위험 수익률과 다음과 같은 요인들에 달려 있다고 밝혔다.

1. 시장의 리스크 프리미엄
2. SMB_{Small Minus Big} 요인 : 특정한 달에 소형주가 대형주에 비해 추가 달성한 수익률을 반영한다.
3. HML_{High Minus Low} 요인 : 특정한 달에 고B/P 주식(가치주)이 저B/P 주식(인기주)에 비해 추가 달성한 수익률[1]

켄 프렌치의 웹사이트에 보면 2011년 12월 시장 리스크 프리미엄, SMB, HML은 각각 +0.86, −0.80, +0.90으로 나타나 있다. 이것이 의미하는 바는 그달에 시장이 국채수익률에 비해 0.86% 더 나은 성과를 냈고, 소형주가 대형주에 비해 0.80% 부진한 성과를 냈으며, 고B/P 주식들이 저B/P 주식들에 비해 0.90% 더 나은 성과를 냈다는 뜻이다. 그래서 시장 리스크 프리미엄은 양수이고, 고B/P 주식들 역시 더 나은 성과를 냈다. 이것들은 파마와 프렌치의 모델이 제시한 대로이다. 그러나 '소형주 프리미엄'은 그 달에 반대로 작용했다. 즉 소규모 회사의 주식들은 큰 회사들에 비해 더 나쁜 성과를 냈다.

이런 수치들은 단지 그 달의 미국 주식에만 해당된다. 따라서 영국 주식에 파마와 프렌치 모델을 적용하려면 다른 요인들이 필요하다. 내가 아는 한 아직까지 그 누구도 이를 제공해주지 않아서 만약 파마와 프렌치 모델을 적용하고 싶다면 영국 연구자들은 각자 스스

---

1) B/P는 PBR의 역수로, 장부가치(Book-Value)를 시장가치(Price)로 나눈 것이다. 따라서 고B/P는 저PBR과 같은 의미이다.

로 SMB와 HML 값들을 다시 계산해야 한다.

파마와 프렌치는 그 모델이 B/P 같은 형태로 가치 지표를 포함하고 있어서 PER과 같은 다른 어떤 가치주 지표들이 더 이상 중요한 의미가 있지 않다고 주장했다.

3요인 모델은 매우 성공적이라는 평가를 받았고, 지금도 최소한 주식 수익률을 설명하는 데 CAPM만큼이나 광범위하게 사용되고 있다. 그러나 거기에도 짚고 넘어가야 할 중요한 문제들이 있다.

과연 리스크에 대한 대용물일까?

파마와 프렌치는 SMB와 HML 요인들을 주식의 리스크에 대한 대용물인 것으로 설명했다. 그들은 소형주와 고B/P 주식들은 어떤 측면에서는 좀 더 위험하다고 지적했다. 그리고 바로 그것이 더 높은 수익률을 보이는 이유가 된다는 것이다. 논란의 여지가 있지만, 영국의 중소기업 전용 시장인 AIM에서 거래되고 있는 소규모 회사, 즉 담당 애널리스트도 없는 그런 회사 정도에는 맞는 말이다.

그 회사들은 사업보고서에는 드러나지 않는 재정 문제를 가지고 있을 수 있고, 보고서 작성 요건도 런던증권거래소(LSE)에 정식으로 상장된 회사들에게 요구되는 것에 비해 그렇게 엄격하지도 않다.

소규모 회사들의 운명은 한 섹터의 예측 불가한 변화에 크게 좌우된다. 반면에 대규모 회사들은 보통 한 부서가 어려울 때 또다른 부서가 보충할 수 있도록 다양한 섹터에 사업 부서를 두고 있다.

그러나 B/P가 리스크에 대한 대용물이라는 아이디어는 분명히 애매한 부분이 있다. 저평가된 자산을 가지고 있는 회사는 재정적 어려움을 겪고 있을 수 있고, 유틸리티 회사처럼 성장 전망이 거의 없어서 매우 안정적이고 낮은 리스크를 가진 회사일 수도 있다. 만약 당신이 리스크를 대용할 수 있는 회계 수치를 하나 지목하라는 요청을 받는다면 당신이 선택한 것이 분명히 B/P라고만은 할 수 없다.

그럼에도 당신은 장부가치에 비해 높은 주식가격을 가진 회사들은 일반적으로 자산이 저평가된 회사들에 비해 좀 더 리스크가 큰 투자 대상이라고 추측할지도 모른다.

당신은 다음 회사들 중에 어떤 회사가 더 리스크가 크다고 생각하는가? 유형자산의 장부가치보다 다소 낮은 시가총액을 가진 수자원 회사인가, 아니면 사무실이나 컴퓨터나 경영진 차들도 모두 임대하고 있어서 유형자산은 거의 없는 고성장하는 컴퓨터 회사인가?

파마와 프렌치는 수자원 회사가 좀 더 리스크가 크다고 할 것이 분명한데, 이는 저PBR 주식이 더 높은 기대 수익을 설명하는 데 도움이 되기 때문이다. B/P를 리스크 요인으로 묘사하는 것은 일종의 사후해석처럼 보인다.

HML이 정말로 리스크 요인인지에 대한 의문은 워런 버핏이 '그레이엄과 도드빌의 위대한 투자자들'이란 글에서 베타에 대해서 비판한 것과 일맥상통한다.

높은 주가는 좀 더 위험하고 낮은 주가는 좀 더 덜 위험하지만, 아직까지도 재무학계는 시장과 비교했을 때 훨씬 더 떨어진 주식이 더 위험하다고 생각한다. 주가가 10파운드(1,000펜스)인 블루칩 주식은

1% 떨어지면 10펜스가 떨어지게 되어 최소한의 변동성을 보인다. 또 만약 회사가 일이 계속 잘 안 풀려서 1파운드로까지 떨어진다면 가치투자자들에겐 아주 큰 관심을 끌게 될지 모른다. 만약 그 주식이 1파운드에서 90펜스로 떨어진다면 가격으로는 똑같은 10펜스(이건 이제 10%)가 떨어지지는 것이지만 좀 더 변동성이 큰 것이 되고, 그런고로 CAPM을 기준으로 투자하는 사람들에겐 더 위험하고 덜 흥미롭지만 가치투자자에겐 '좀 더' 흥미롭게 된다.

워런 버핏은 자신이 투자하는 주식들의 베타값을 몰랐지만 그 누구보다 투자를 잘하고 있다.

실제 투자자에겐 거의 쓸모가 없는 모델

유의해야 할 또 하나의 중요한 점이 있다. 이러한 HML과 SMB 요인들이 끔찍이도 복잡하다는 점이다. 나는 파마와 프렌치의 계산법에 대해 구체적으로 살펴보지는 않을 것이다.

SMB와 HML이 '특정한 한 달에' 소형주가 대형주에 비해 얼마나 많이 초과 성과를 내는지, 또한 고B/P 주식이 저B/P 주식에 비해 얼마나 초과 성과를 내는지를 대표하는 가치를 갖는다는 점은 기억해 둘 만하다.

그러나 3요인 모델은 다음 해는 고사하고 심지어 다음 달에는 어떻게 될지를 미리 알고 싶어 하는 투자자에게는 쓸모가 없다. 3요인 모델은 사후적으로 성과를 설명할 수 있을 뿐이다. 이 때문에 파마와 프렌치는 실전에는 SMB와 HML의 평균적인 가치를 사용할 것을 제안했다.

그러나 만약 당신이 켄 프렌치의 웹사이트[2]로부터 공짜로 구할 수 있는 SMB와 HML 요인들을 본다면 두 요인들 모두 매달 크게 달라진다는 점을 알 수 있을 것이다.

이론적인 뒷받침의 결여

CAPM의 가정을 그나마 인정한다면 수학적으로 논리적이라는 점이다. 물론 가정을 반박할 수는 있다. 그러나 샤프의 수학적 논리체계를 반박할 수는 없을 것이다. 다시 말해, 그의 가정들을 인정한다면 베타는 수익을 예측할 수 있는 '유일한' 변수이다.

결정적으로 논리적인 CAPM과 달리, 파마와 프렌치는 '왜' 규모와 PBR이 수익을 예측하는 데 중요한 요인들이고, 다른 요인들은 그렇지 않은지에 대한 어떠한 수학적 뒷받침도 제시하지 못했다. 그들은 단순히 그 요인들이 수년간 보아온 주식 수익률을 설명하는 데 통계적으로 매우 좋은 방식이라는 점만 보여줬다. 이론적인 뒷받침이 결여된 셈이다.

파마와 프렌치 모델에서의 PER

파마와 프렌치는 다른 가치 지표들이 그들의 모델에 유용하게 접목될 수 있다는 어떠한 제안들도 결코 수용하지 않으려고 했다. 가

---

[2] http://mba.tuck.dartmouth.edu/pages/faculty/ken.french

장 유력한 후보들은 데이비드 드레먼이 선호한 수치인 PER과 배당수익률이었다.

파마와 프렌치는 PER이나 배당수익률 모두 그들의 모델에 추가될 수 없다는 것을 보여주었다. 그 모델에 B/P의 형태로 이미 한 개의 가치주 지표를 포함하고 있기 때문이다.

'그러나' 그들은 PBR(주가순자산비율)은 매달 달라지는 것을 허용하고 있고, 그들이 모델에서 검증했던 PER과 배당수익률은 그렇게 하지 않았다. 그것들이 매달 똑같은 효과를 갖는 것으로 취급됐지만, 밸류 프리미엄은(또는 몇 달 간은, 밸류 디스카운트) 시간이 흐르면서 사라진다.

필자는 영국 주식에 파마와 프렌치의 논리 체계를 사용해서 시간에 따라 달라지는 PER 요인을 이미 포함한 모델을 세우고, 시간에 따라 달라지지 않는 PBR 요인이 어떤 것을 추가할 수 있는지를 검증해봤다. 그 결과, 아니었다. 파마와 프렌치는 B/P 같은 수준으로 PER을 검증하지 않았다. 사실상, 결코 시간에 따라 달라지도록 허용되지 않는 요인을 가지고 공정하게 이뤄진 검증이 보여주는 바는 그 모델에서 PBR이 1년 PER보다 근소하게 더 낫다는 것이다. 물론 그 둘은 여전히 의미 있는 수익률 예측도구이다.

그럼에도 PER을 업그레이드시킴으로써, PER이 PBR보다 더 나은 가치 지표로 바뀔 수 있다.(3부 참고)

▶▶ **핵심 포인트** ◀◀

- ☑ 파마와 프렌치의 3요인 모델은 매우 성공적이었고, 지금도 주식 수익률을 설명하는 데 CAPM만큼이나 광범위하게 사용되고 있다. 그러나 거기에도 짚고 넘어가야 할 중요한 문제들이 있다.

- ☑ 파마와 프렌치는 SMB와 HML 요인들을 주식의 리스크에 대한 대용물인 것으로 설명했다.

- ☑ 높은 주가는 좀 더 위험하고 낮은 주가는 좀 더 덜 위험하지만, 아직까지도 재무학계는 시장과 비교했을 때 훨씬 더 떨어진 주식이 더 위험하다고 생각한다.

- ☑ 워런 버핏은 자신이 투자하는 주식들의 베타값을 몰랐지만 그 누구보다 투자를 잘하고 있다.

- ☑ 파마와 프렌치는 다른 가치 지표들이 그들의 모델에 유용하게 접목될 수 있다는 어떠한 제안들도 결코 수용하지 않으려고 했다. 가장 유력한 후보들은 데이비드 드레먼이 선호한 수치인 PER과 배당수익률이었다.

- ☑ PER을 업그레이드시킴으로써, PER이 PBR보다 더 나은 가치 지표로 바뀔 수 있다.

Chapter 8

가치투자자들의 반격
– 가능성을 보여준 PER 효과

　나는 파마와 프렌치의 3요인 모델을 CAPM이나 APT에 비해 훨씬 더 자세히 살펴봤다. 3요인 모델이 최소한 학계를 포함해 현재 가장 많이 인정받고 있는 주식투자 성과에 관한 모델이기 때문이다. 그럼에도 그것이 모든 것을 설명해주지는 못한다고 생각하는 많은 회의론자들이 있다.

　이런 주장을 하는 논문들 중에서 가장 잘 알려진 것이 바로 1994년 라코니쇼크, 슐라이퍼 그리고 비시니(이하 LSV)가 발표한 논문이다. 이 논문은 1992년과 1993년 파마와 프렌치가 논문을 발표한 지 겨우 1년 후에 나왔다. 논문을 연구하고 발표하기까지 걸리는 시간을 감안하면 이 논문은 파마와 프렌치의 논문 발표 후의 반응이라기보다는 파마와 프렌치의 논문이 발표되기 전에 진행 중에 있었을 것이 틀림없다.

LSV의 논문은 매우 광범위하게 가치주와 인기주의 비교라는 주제를 다루었다. 그들은 가치투자 전략을 위해 가치를 정의하는 몇 가지 방식을 살펴봤다. 여기서 말하는 가치투자 전략이란 주당순이익이나, 주당순자산, 주당배당금, 주당현금흐름 등과 같은 기본적인 가치 지표와 비교해 가격이 싼 주식을 사는 것을 말한다.

또 하나의 전략은 과거의 매출액 성장률과 함께 그 당시 PER이 암시하는 미래 성장률 예측치를 살펴보는 것이다. 그들이 알아낸 것은 가치주와 인기주 사이의 미래 성장률 예측치 차이가 지속적으로 투자자들에 의해 과잉 추정된다는 점이다. 인기주들은 처음 몇 년간 더 빠르게 성장했다. 그러나 그 후론 두 그룹의 성장률은 기본적으로 동일했다.

과거의 낮은 성장률과 현재의 낮은 주가비율(멀티플) '둘 다' 이용하는 가치투자 전략은 매년 10~11%포인트의 의미 있는 차이로 인기주 투자 전략을 앞질렀다.

가치에 대한 다양한 수치들 중에서 PER은 PBR(주가순자산비율)이나 주가현금흐름비율만큼 큰 효과를 만들어내지 못했는데, 아마도 다음과 같은 이유 때문인 것 같다.

"일시적으로 침체된 이익을 내는 주식들은 높은 기대성장률 및 낮은 이익수익률(E/P) 카테고리에 있는 인기주들과 한 덩어리로 묶여서 취급된다. 침체된 이익을 내는 이런 주식들은 인기주와 똑같은 정도로 빈약한 주식 수익률을 보이지는 않는다. 이는 아마도 시장이 그런 주식들을 과대평가하지 않기 때문인 것 같다."

달리 말하면 PER은 인기주들로부터 가치주들을 걸러내는 데 있어 PBR만큼 효과가 없다. 불운한 한 해를 보낸 회사들이 초라한 이익을 내는 것으로 일단락되기 때문이다. 다시 말해, 여름 날씨가 한번 나쁘면 그렇지 않아도 이익률이 형편없는 아웃도어 의류체인은 이익이 90%나 떨어질 수도 있다. 하지만 주가는 90%나 떨어지지 않는다. 나쁜 날씨는 일시적이라는 것을 모두가 알기 때문이다. PER은 주가를 바로 전해의 이익으로 나눈 것이기 때문에 그 회사는 높은 PER을 가지게 될 것이고, 원래의 가치주 면모에 맞지 않게 인기주와 같은 취급을 받게 된다. 날씨가 좋아지고, 의류 체인의 예측 이익과 주가가 좋아지면서 인기주 전체의 평균수익률을 앞선다. 이런 점 때문에 PER이 잘 작동하지 않는 것처럼 보인다. (이 문제는 11장에서 살펴볼 장기 PER에 의해 해결된다.)

또한 LSV는 가치투자 전략이 투자자들의 비이성적 행태를 이용하기 때문에 더 높은 수익률을 올린다고 주장했다. 사람들은 과거에 보여준 급격한 성장이 미래의 성장을 보장한다고 생각한다. 10장에서 살펴보겠지만 과거의 이익성장률은 미래 성장률을 예측하는 데 실제로는 아주 형편없는 지표에 불과하다. 왜 가치주가 초과 성과를 내는지에 대해 아주 그럴듯한 설명이 있다. 즉, 사람들은 '성장'에 과다 지불한다는 것이다.

파마와 프렌치가 소형주 프리미엄(SMB)와 가치주 프리미엄(HML)

요인이 드러나지 않는 리스크에 대한 대용물이라고 주장했지만 LSV는 가치투자 전략들이 근본적으로 더 위험하다는 이런 견해에 거의 근거가 없다고 주장했다. 가치주는 매우 지속적으로 인기주를 앞섰고, 특별히 '나쁜' 국면에서 더 잘했다.

영국에서의 PER 효과

이제까지 우리는 미국 자료에 근거한 연구들을 살펴봤다. 모두가 미국 연구만을 이야기하는 탓이다. 최고의 금융 저널들은 모두 미국에 뿌리를 두고 있다. 직설적으로 말하자면, 미국 자료를 이용하지 않고, 노벨상 수상자 수준의 재능을 갖고 있지 않다면, 아마도 최고의 금융 저널들에 소개되기 어려울 것이다.[1] 영국의 비즈니스 스쿨들은 최고의 연구들에 사용되는 CRSP나 컴퓨스태트의 미국주식 가격 데이터베이스를 연간 수만 달러의 구독료를 내고 볼 여유가 거의 없으니 말이다.

이런 상황에서도 PER에 관한 미국의 성과물을 지지해주는 많은 연구들이 있다. 영국에서 최초의 연구는 1989년에서야, 현재는 카스 비즈니스 스쿨Cass Business School의 교수인 마리오 레비스에 의해 이뤄

---

1) 게다가, 미국 최고의 저널들에 주기적으로 발표하고 있는 교수들만 노벨상 후보에 오를 수 있을지도 모른다.

졌다. 가치주가 보여주는 이례적인 수익률에 대한 영국에서의 증거를 찾기 위해 그는 주식을 회사 규모, 배당수익률, PER 등을 기준으로 분류해 포트폴리오에 넣었을 때의 수익률을 점검했다. 레비스는 세 가지 모두 분명한 효과를 발견했다. PER을 예로 들자면 가장 낮은 PER을 가진 5분의 1의 주식들의 연간 복합수익률은 19.3%, 시장은 13.2%, 가장 높은 PER을 가진 5분의 1의 주식들은 11.4%의 수익률을 각각 보인 것으로 나타났다.

1997년 파마와 프렌치의 3요인 모델은 노먼 스트롱에 의해 미국이 아닌 곳에서의 최초의 검증이 이뤄졌다. 그 결과들은 파마와 프렌치 모델을 매우 강력하게 지지하는 것으로 나타났다. 즉, 무위험수익률, 시장 리스크 프리미엄, SMB와 HML은 미국에서와 마찬가지로 매달의 수익률을 설명하는 데 아주 효과적이었다.

2001년 영국에서 LSV를 좀 더 강력히 지지해주는 논문이 나왔다. 마리아 미쵸와 그녀의 박사과정 지도교수였던 앨런 그레고리와 리처드 해리스는 일반적인 가치 지표들을 사용하는 일원의 주식 분류뿐만 아니라, 빈약한 과거 매출액 성장률을 보여서 미래 전망 역시 빈약한 주식들을 함께 분류하는 이원의 분류를 검증함으로써 LSV를 지지했다.

미쵸가 발견한 것은, 파마와 프렌치의 3요인 모델이 일원 분류 아래서 가치주의 초과 성과를 설명할 수 있었지만, 이원 분류에서는 그렇지 못했다는 점이다.

빈약한 최근 매출액 성장률과 빈약한 전망을 둘다 가진 주식들에 투자하는 것은 꽤 의미 있는 결과를 보여주었다. 예를 들어 '낮은 매출액 성장률/저PBR'과 '높은 매출액 성장률/고PBR' 포트폴리오 사이에는 연간 12.53%포인트의 차이가 났다.

2003년 동일한 저자들이 쓴 후속 논문은 가치주 포트폴리오의 초과 성과가 인지할 수 없는 리스크 요인들 때문인지 1978년 레이 볼이 제안했던 대로 검증했다. 그들이 발견한 것은 가치주가 기본적으로 더 위험하지 않을 뿐더러, 전 세계적으로 나쁜 국면에서 더 좋은 성과를 내지 못했다는 증거가 없다는 것이다.

영국은 아마도 미국의 성과물에 대한 지지를 검증하는 데 가장 많은 연구가 이뤄지고 있는 나라일 것이다. 앞에서 다룬 것들은 가장 적합한 논문 몇 편에 불과하다. 더군다나 전 세계적으로 수백 개의 연구들이 존재한다.

앞서 살펴본 대로 미국의 프랜시스 니콜슨이 최초로 가치주의 초과 성과를 증명해냈다. 즉, 가치주는 초과 성과를 내는데, 사용되는 가치 지표와 검증하는 나라와 관련해서 볼 때 그 효과는 매우 분명하다. 그러나 수년간의 기간을 토대로 했을 때는 효과가 분명하지 않다. 기간 측면에서는 10년이나 그 이상의 성과를 평균할 경우에만 믿을 만하다. 인기주가 아주 긴 기간 동안 가치주를 앞설 때가 있다. 가장 최근에는 1999년과 2000년 사이의 인터넷기술주의 거품 전에 5년간의 주가 급등에서 볼 수 있다.

아직까지 해결되지 않은 문제가 있다. 파마와 프렌치 그리고 그들의 지지자들이 주장하는 것처럼 가치주가 이유야 어떻든 정말로 리스크가 좀 더 큰지, 또는 LSV와 그들의 지지자들이 주장하는 것처럼 그것이 진정한 초과 성과인지에 관한 것이다.

만약 이런 보장할 수 없는 미래에 대한 성장 예측이 정말로 가치주의 초과 성과에 대한 주요 원인이라면 행태재무학의 가장 중요한 아이디어 중의 하나가 될 것이다. 그러나 이런 의문이 해결되기에는 아직 시간이 필요해 보인다.

PER의 명예회복

1960년 프랜시스 니콜슨의 첫 번째 논문에서 처음으로 소개된 PER의 효과는 가치투자자들에게 가능성을 보여줬다. 저PER은 미래에 초과 성과를 낼 회사들을 알려주고, 이것이 서로 다른 시기와 서로 다른 나라에서도 통한다는 것이 증명되고 있다.

이제 학계에 남아 있는 논쟁은 이것이 정말로 시장에 일부 존재하는 기본적인 비효율성을 보여주는 것이냐, 또는 저PER 주식에서 보게 되는 추가 수익률이 더 높은 리스크를 받아들인 데 대한 단순한 보상인가에 관한 정도이다.

PER은 결점만 있고 유용하지 않은 것이 결코 아닐 뿐 아니라 마치 생명체처럼 여전히 진화와 발전을 거듭하고 있다. 지난해 겨우 이익을 낼 정도로 나쁜 시기를 겪고, 이 때문에 매우 높은 PER을 갖게 된 회사들은 조정이 '될 수' 있다. 바로 이 주제를 다음 3부에서 다룬다.

> ▶▶ **핵심 포인트** ◀◀

- ☑ 과거의 낮은 성장률과 현재의 낮은 주가비율 '둘 다' 이용하는 가치투자 전략은 매년 10~11%포인트의 의미 있는 차이로 인기주 투자 전략을 앞질렀다.

- ☑ 과거의 이익성장률은 미래 성장률을 예측하는데 실제로는 아주 형편없는 지표에 불과하다. 왜 가치주가 초과 성과를 내는지를 아주 그럴 듯한 설명이 있다. 즉, 사람들은 '성장'에 과다 지불한다는 것이다.

- ☑ 1960년 프랜시스 니콜슨의 논문을 통해 PER은 가치투자자들에게 가능성을 보여줬다. 저PER은 미래에 초과 성과를 낼 회사들을 알려주고, 이것이 서로 다른 시기와 서로 다른 나라에서도 통한다는 것이 증명되고 있다.

제 3 부

업그레이드 PER 버전

PER이 오랜 역사를 가지고 있고, 매일 많은 사람들이 사용하고 있는데도 PER을 개선시키려는 움직임이 거의 없다는 사실은 놀랍다.

PER은 자산회전율이나 투하자본수익률(ROCE)과 같은 신성불가침의 회계 도구는 아니다. PER을 사용하는 대부분의 사람들은 자신의 포트폴리오 가치를 좀 더 빨리 불리려고 애쓰는 투자자들이다. 그들은 초과수익을 낼 주식들을 찾는데 더 효과적인 PER의 업그레이드 버전을 갖게 된다면 분명히 더 흡족해할 것이다.

이번 3부에서 필자는 먼저 가치투자자들이 폭넓게 사용하고 있는 PER의 업그레이드 버전을 살펴본다.

PER은 시장의 PER이나 산업의 PER을 고려해 조정될 수 있다. 또한 한 연구자가 제시한 바에 따르면 몇 가지 이익 항목을 조정할 수도 있다.

10장에서 우리는 PEG를 살펴본다. 이는 가장 잘 알려진 PER의 개선안이다. PEG는 매우 높은 PER을 가진 성장주에 좀 더 유용하도록 PER을 응용한 것이다. 그러나 PEG는 기술적 측면이나 기본적 측면에서나 몇 가지 주요한 문제점이 있다. 뒤에서 자세히 살펴본다.

3부의 나머지 장들에서는 PER에 관한 필자의 연구 내용을 자세히 살펴본다. 필자의 이 모든 아이디어들은 이미 학술지에 발표되었다. 그러나 논문이 발표될 당시의 관심에도 불구하고, 직업적 펀드매니저들에 의해 아직까지 채택되지는 않았다. 그게 아니라면 그들이 채택하고 있더라도 내게 말해주지 않았을 수도 있겠다.

　이 책의 해당 부분을 읽고 난 후에는 독자 여러분이 직업적 투자자들을 능가하게 되기를 바란다. 내가 제시한 아이디어들은 다음과 같은 것을 포함하고 있다.

- 장기 PER : 두 개의 큰 숫자(매출액과 비용) 간의 작은 차이인 이익은 매우 가변적인 경향이 있다. 전체 경제 사이클에 걸쳐 이익을 장기적 관점에서 바라보는 것은 회사의 이익 잠재력에 관해 좀 더 신뢰할 만한 관점을 제공해준다.

- 분해 PER : 한 회사의 PER에 영향을 끼치는 요인들 가운데 한 회사에만 한정되지 않는 요인들이 매우 많다. 여기에는 시장 전체의 PER, 회사 규모, 해당 회사가 속한 섹터 등이 포함된다. 이런 알려진 영향을 조정하면 PER의 효과가 향상된다.

- 네이키드 PER : 위에서 언급한 일반적인 요인들을 허용한 후에도 여전히 남아 있는 요인이 있다. 회사 규모도 같고, 속해 있는 섹터가 같아도 회사마다 항상 다른 PER을 갖는데, 이는 오로지 특정한 회사들에만 영향을 끼치는 요인들 때문이다.

Chapter 9

3가지 PER 활용 방안
– 투자 수익을 향상시키는 간단한 버전들

 이번 장에서는 최근 몇 년 새 인기를 끌고 있는 PER의 3가지 활용 방안을 다룬다. 우선 두 가지는 PER 자체를 다시 계산하지는 않지만, 조금 다른 방식으로 PER을 간단하게 사용한다. 마지막 하나는 PER의 계산 시 'E'(earnings)에, 즉 '이익'에 여러 가지 다른 숫자들을 사용한다.

1. 산업 조정 PER

 PER 효과는 산업들 안에서 잘 작동하는가? 만약 투자자가 어떤 주식이 속한 산업의 평균 PER 20배일 때 PER 15배의 주식을 사는 것과 산업 평균 PER이 13배일 때 PER 8배의 그 주식을 사는 것 중 어느 것이 나을까?

　이것은 데이비드 드레먼이 1998년 그의 저서에서 선호하는 전략들 중 하나라고 밝힌 방식이다. 확실히, 각 산업별로 PER 기준으로 최하위 20% 주식들을 사는 것은 시장을 통틀어 저PER 주식들을 골라내 단순하게 투자하는 것과 장기적으로 매우 유사한 초과 성과를 보여줬다. (다른 가치투자 전략들과 마찬가지로, 여기서 PER이 유일한 지표는 아니다. 섹터 내에서 가치주를 찾아내기 위해서 배당수익률, 주가순자산비율, 주가현금흐름비율을 사용했더라도 똑같은 효과를 냈을 것이다.)

　각 산업별로 최하위 20% 주식들의 총 수익률은 1970년부터 1996년까지 17.7%를 기록했다. 이에 비해 각 산업별로 가장 높은 PER을 가진 주식들은 12.2%의 수익률을 기록했다. 저PER 그룹이라고는 하지만 실제로는 아주 고PER을 가진 일부 회사들이 포함됐다. 이 회사들은 단지 그들이 속한 산업에 비해서만 낮았다.

　드레먼이 제안한 바는 산업 전반적으로 투자하는 것이 포트폴리오 전체 위험을 줄여줄 것이고, 경제가 좋지 않을 때 투자자를 보호하는데 도움을 준다는 것이다. 만약 이런 전략을 사용한다면, 더 이상 당신의 인생을 유틸리티 회사나 '듣보잡' 제조회사에 투자하면서 보낼 필요가 없다. 그러면서도 저녁 파티에서 자랑할 만한 투자 성공담을 가지게 될 것이다.

　뱅가드 헬스케어 펀드의 에드 오웬스는 이런 산업 PER 효과로 혜택을 본 사람들 중 한 명이다. 1984년 운용을 시작한 이래 2012년 2월까지 오웬스의 펀드는 16.3%의 연복리수익률을 기록했다. 214억 달러의 대형 펀드였는데도 불구하고, S&P500지수를 훨씬 앞선 것이다.

헬스케어는 보통 성장주 섹터로 인식되지만, 오웬스는 장기적 가치투자 전략을 사용했다. 그는 단기적인 실적 부진이나 다른 일시적 어려움을 대수롭지 않게 생각한 반면, 1년이 지난 후 그 회사를 바라보는 시장의 태도는 고려했다. 이 때문에 포트폴리오가 상대적으로 안정적이었다.

오웬스는 대다수 투자자들이 행동하는 것과 반대로 행동하는 것이 매달, 매분기에는 잘 보이지는 않지만 장기적으로는 남들도 인정할 만큼의 이득을 가져다주었다고 생각했다.

2. 시점별 PER 비교

이것은 PER 수치 자체를 어떤 식으로든 바꾸지 않는 방식으로 PER을 활용하는 또 하나의 방법이다. 시기별로 한 회사의 PER을 단순히 비교한다. 만약 회사의 PER이 그 회사의 과거 역사적인 평균치보다 오랫동안 낮게 지속되고 있다면 그것도 역시 가치 지표가 될 수 있다. 심지어 그 PER이 시장의 평균치와 비교해서 특별히 낮은 것이 아니어도 말이다.

이런 투자법을 사용하는 사람 가운데 한 명이 바로 시애틀에 있는 라이니어 인베스트먼트 매니지먼트Rainier Investment Management의 제임스 마가드이다.

그는 그가 운용하는 코어 에쿼트 포트폴리오에 편입할 주식을 찾을 때 전년도 이익을 사용한다. 이 포트폴리오는 최근에는 싸게 거래되고 있지만, 강력한 이익 성장 전망을 가진 회사들을 찾아냄으로써 장기적으로 자산의 수익 성장률을 극대화하려고 한다. 그는 이것을 적정가성장(GARP)Growth at a Reasonable Price이라고 불렀다.

구체적으로 살펴보면 이렇다. 마가드는 과거의 시장 PER과 그 주식 PER을 비교한 비율을 구한 후 이것을 현재의 비율과 비교한다. 마가드는 1보다 훨씬 낮은 값을 가진 이런 '비율과 비율의 비율'을 찾고 있다.[1]

이것이 의미하는 바는 시장과 비교한 그 주식의 PER은 과거 연도의 그것보다 상당히 더 낮아야 한다는 것이다. 이런 방법을 사용해서 마가드는 일반적인 가치주만큼이나 최근에 인기가 없어진 성장주를 고른다.

3. 영업이익을 사용한 PER

PER이 인기가 있지만, PER이 투자자들에게 더욱 효용성을 가지

---

1) 만약 전년도의 시장 PER이 10배이고, 해당 주식의 PER이 8배라면 둘을 비교한 비율은 0.8이 된다. 또한 현재의 시장 PER이 11배이고, 해당 주식의 PER이 8배라면 둘을 비교한 비율은 0.72가 된다. 이 두 비율을 비교한 비율은 '0.72 ÷ 0.8 = 0.9'가 된다. 마가드는 이런 식으로 구한 '비율(0.72)과 비율(0.8)의 비율(0.9)'이 1보다 훨씬 낮은 주식들을 선호한다는 것이다—역자.

기 위해서 PER 계산에 사용되는 회계적 값들을 어떻게 변경해야 하는지를 고찰한 논문은 딱 하나뿐이다.(물론 논문은 아니지만 16장에서 살펴볼 조엘 그린블라트의 PER 버전이 있다.)

PER의 'P' 부분은 달리 해석할 여지가 많지 않다. 그러나 'E' 부분은 수없이 변경될 수 있다. 우리가 2장에서 살펴봤듯이 PER의 분모 부분에 사용하는 이익이 정확히 어떤 항목인지는 자료 제공자만큼이나 다양한 정의가 있다.

어떤 회사의 현재 PER을 데이터스트림DataStream, 기업 REFS, 〈파이낸셜 타임스〉의 기업 섹션 등에서 찾아보기 바란다. 그러면 당신은 3개의 서로 다른 답을 얻게 될 것이다. 나라마다 서로 다른 회계 처리 기준을 가지고 있고, 심지어 나라별로 이익과 비용의 정의가 시기에 따라 달라지기도 한다.

싱가포르의 토니 강은 2003년에 이익의 정의를 다르게 하는 것이 투자자들에게 PER을 더 유용하게 만들어주는지를 고찰한 논문을 한 편 썼다. 그는 '영업이익'을 사용할 것을 제안했다. 영업이익은 보통 사용되는 기본 EPS나 희석 EPS보다는 손익계산서의 상단에 나타난다. 특히 영업이익은 세금과 금융비용을 제외한다.

그는 PER의 'E' 부분에 영업이익을 사용하는 것이 단순한 1년 PER보다 가치주와 인기주를 구별하는 데 훨씬 더 효과적이라는 점을 알아냈다.

1982년부터 1995년까지 1만 9,000개의 미국 회사에 관한 미국 자료를 사용했는데 PER을 기준으로 전체 회사의 상하위 10%간의 수익률 사이에 꽤 큰 차이가 있었다. 다시 말해 일반적인 주당순이익 (EPS) 대신, 영업이익을 사용한 PER을 기준으로 분류했더니 상하위 10% 간의 수익률 차이가 연평균 7.79%포인트에서 10.58%포인트로 확대됐다.

강의 결론에 따르면, 회사의 고유한 영업과 관련이 없는 이익은 상당히 예측 불가한 것으로 보이는데다 PER의 영향력을 떨어뜨린다.

지금까지 PER의 효과와 관련해 3가지의 간단한 '개량종'을 살펴봤다. 이제 PER을 활용한 지표 가운데 가장 인기가 있다고 할 수 있는 PEG를 살펴보자.

▶▶ **핵심 포인트** ◀◀

☑ 각 산업별로 PER 기준으로 최하위 20% 주식들을 사는 것은 시장을 통틀어 저PER 주식들을 골라내 단순하게 투자하는 것과 장기적으로 매우 유사한 초과 성과를 보여줬다.

☑ 그 회사의 PER이 그 회사의 과거 역사적인 평균치보다 오랫동안 낮게 지속되고 있다면 그것도 역시 가치 지표가 될 수 있다.

☑ 토니 강은 PER의 'E' 부분에 영업이익을 사용하는 것이 단순한 1년 PER보다 가치주와 인기주를 구별하는데 훨씬 더 효과적이라는 점을 알아냈다. 그의 결론에 따르면, 비영업적 이익 요소는 상당히 예측 불가한 것으로 보이는데다 PER의 영향력을 떨어뜨린다.

Chapter 10

성장주 발굴을 위한 PEG 비율
– 미래는 예측 가능한가?

PER이 광범위하게 사용된 지 수십 년이 지났음에도 PER의 많은 개선안들이 인기를 얻은 것은 아니다. 큰 인기를 끌게 된 사실상 유일한 개선안은 PEG 비율뿐이다. 이것은 고성장하는 회사들은 고PER을 가지는 경향이 있다는 사실을 허용하는 방식이다.

영국의 짐 슬레이터가 쓴 2권의 베스트셀러 『줄루 주식투자법The Zulu Principle』과 『돈이 불어나는 성장주식 투자법Beyond the Zulu Principle』은 크게 봤을 때 모두 저가의 성장주를 찾아내는 종목발굴 도구로서의 PEG 사용법에 바탕을 두고 있다.[1]

---

1) 짐 슬레이터는 헤밍턴 스코트의 기업 REFS를 만드는 것을 도왔는데, 이 회사는 영국의 개인투자자들을 위한 주요한 정보 제공업체 중의 하나이다. 어떤 회사가 최소한 4년의 흑자 및 증가하는 이익의 역사를 보여줄 수 있다면(다른 요구 조건은 별개로) 그 회사는 PEG 수치를 계산할 수 있게 된다. 참고로 PEG는 1969년 미국의 마리오 화리나가 자신의 저서에서 맨 처음 제안했으며, 피터 린치는 1989년 저서에서 PEG를 소개했다.

PEG 비율은 무엇인가?

PEG는 'PER/성장률'을 의미한다. 이는 급격히 성장하는 회사들은 높은 PER 값을 가질 것이라고 기대한다는 것이다. 장기적으로 높은 성장 전망을 가진 회사들이 더 높은 PER을 가져야 한다는 것은 맞는 말이고, 타당하다. 투자자가 미래에 더 높은 이익을 기대하게 될 것이고, 따라서 투자자가 현재 이익에 대해 더 많은 돈을 지불해야한다는 것은 맞다.

PEG는 고성장하는 섹터를 담당하는 애널리스트들이 주가배수(멀티플)의 간결성은 그대로 유지하면서 잠재성장률을 고려해서 담당 회사들의 PER을 비교할 수 있도록 해준다.

PEG 비율의 공식은 다음에서 보듯 매우 단순하다.

$$PEG = \frac{PER}{\text{전망 EPS 성장률(\%)}}$$

예를 들어, 당신이 1년 전망 PER이 20배인 주식을 가지고 있고 애널리스트 컨센서스에 따른 그 회사의 주당순이익(EPS) 성장률이 연간 10%라면 이때 PEG는 2가 된다.(20 ÷ 10 = 2)

실제 사례를 들어보자. 아그레코 Aggreko라는 회사는 78.57달러의 주당순이익을 기록하고 있고, 1년 전망 주당순이익은 86.46달러(성장률 10.2%)이고, 2년 전망 주당순이익이 100.53달러(1년 후 전망 주당순이익 기준 성장률 16.3%)이다. 따라서 평균 전망 주당순이익 성장률은 2년에 걸쳐 13.2%가 된다. 현재 PER이 27.6배라면 PEG는 2.09(27.6 ÷ 13.2)가 된다. 따라서 그 회사의 양호한 성장 전망치는 현재의 높은 PER을 충분히 반영하고 있는 것처럼 보인다.

PEG를 대하는 사람들의 "통념이 커져갔다". 어떤 회사의 PEG가 1에 근접하면 그 회사는 제가치를 받는 셈이고, 만약 1보다 훨씬 작다면 이 회사는 분석에 좀 더 시간을 쏟아도 될 만한 가치가 있는 회사일 수 있다는 것이다. 짐 슬레이터는 『돈이 불어나는 성장주식 투자법』에서 다음과 같이 지적했다.

"PEG가 1이 넘는 주식들은 매력적이지 않은 경향이 있고, 1 정도의 PEG를 가진 회사는 투자를 고려해볼 여지가 있고, 1을 넘지 않는 주식들은 일반적으로 투자 대상으로서 좀 더 자세히 검토해볼 가치가 있다."

필자가 "통념이 커져갔다"라고 한 것은 그 방정식에 함정이 있기 때문이다. 분모와 분자의 단위가 서로 다른 것이다. (단위가 다른) 하나를 다른 하나로 나누는 것은 정말로 말이 되지 않는다. 그럼에도 그렇게 해서 비율을 얻어내는 것을 어떻게 할 수는 없지만, 그 결과가 결코 많은 것을 얘기해주지는 않는다. 충분히 가치를 인정받은 고성장 회사라면 PEG가 1이어야 한다는 아이디어에는 수학적 토대가 없다.

이런 함정 말고도 그 공식에 사용되는 입력값과 관련된 또 다른 큰 문제가 있다. 컴퓨터 프로그래머들이 늘상 하는 말인 "쓰레기를 넣으면 쓰레기가 나온다"는 것으로 표현될 수 있는 문제점이다.

당신은 무슨 PER을 사용하는가? 3장에서 살펴봤듯이, 역사적 PER과 전망 PER(내년에 PER이 어떻게 될 것인지에 관해 애널리스트 사이에서 형성된 공통의견, 즉 컨센서스) 중에서 하나를 선택할 수 있다. 짐 슬레이터는 전망 PER을 사용한다.

당신은 어떤 전망 주당순이익 성장률을 사용하는가? 내년의 성장률인가, 아니면 향후 5년에 걸친 평균적인 기대수익률에 대한 컨센서스인가?

그러한 성장률 추정치는 통계적으로 얼마나 신뢰할 만한가? 대부분의 애널리스트들은 규모가 매우 큰 기업들의 성장률 추정치만을 발표한다. 영국의 경우 시가총액 350위권에도 포함되지 않는 작은 회사들을 분석하는 것은 애널리스트에겐 시간낭비일 뿐이다. 심지어 250위권에 포함된 주식들조차도 회사별로는 10개가 안 되는 성장률 추정치가 발표될 뿐이다. 10개는 통계적으로 유의미한 정보를 얻어내기 위한 최소한의 수치이다. 따라서 소형 기술주의 PEG를 계산하려면 투자자가 직접 그 회사의 미래 성장률을 추정해야 한다.

또 하나 중요한 문제점은 이익 성장률 추정치에 관한 것이다. PEG는 이익 성장률 추정이 무엇보다 중요하지만, 이익 성장률은 "본질적으로 예측할 성질의 것이 아니다"라는 학술적 증거는 무시하기 어렵다.

왜 이익 성장률을 예측할 수 없는가?

PEG 공식은 수년간의 이익 성장률을 신뢰할 수준으로 예측할 수 있다는 가정을 깔고 있다. 즉, 이익 성장률은 '아주 세세히' 달라진다는 것이다. 이 가정에 따르면 어떤 회사가 수년간에 걸쳐 높은 성장률을 보여주고 있다면 앞으로 수년간 성장이 지속될 것이라고 합리적으로 기대하고, 기꺼이 고PER을 부여할 수 있다는 것이다.

1962년, 이안 M.D. 리틀은 옥스포드대학교 통계연구소의 '게시판'에 '뒤죽박죽인 성장'을 발표했다. 그는 과거 10년 동안에 걸쳐 400개 기업을 대상으로 해서 시간이 지난 후 그 기업들의 이익 성장률이 얼마나 예측 가능한지 알아보았다. 이전 수년 동안 가장 빠르게 성장한 10%, 그리고 그 다음으로 빠르게 성장한 10%, 그런 식으로 반복해서 각각을 취한 후, 그 성장률이 미래에 어떻게 변했는지를 알아봤다.

만약 성장률이 예측 가능하다면 과거에 가장 빠르게 성장한 10%의 회사들은 미래 성장률에서도 가장 빠르게 성장하는 회사들에 포함되어야 한다.

리틀이 직접 손으로 그린 그래프 하나를 〈그림 10-1〉에서 볼 수 있다. 니콜슨처럼 리틀도 그때는 컴퓨터의 도움을 받을 수는 없었다.

차트에서 보듯 결과는 매우 명쾌했다. 과거의 이익 성장률에 따라 회사를 분류하는 것은 '효과가 없었다'. 그는 '성장률에 일관성을 보여주는 증거를 거의 혹은 아예' 발견하지 못했다. 기본적으로 가장

〈그림 10-1〉 과거 성장률에 따라 회사들을 10개로 분류한 후의 성장률

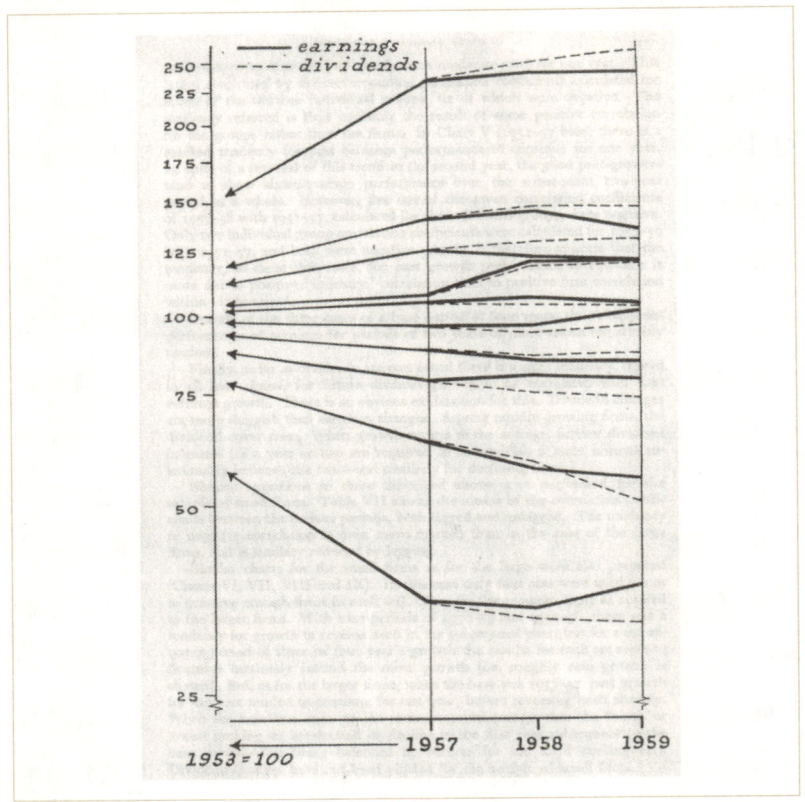

* 출처 : 이안 M. D. 리틀, 1962

빠르게 성장하는 회사들의 10%를 편입한 포트폴리오들(또는 가장 느리게 성장하는 회사들의 10%, 아니면 무엇이든지)은 만들어지자마자, 즉시 전체적으로 시장의 평균적인 성장률과 유사한 수준으로 되돌아갔다.

그 후 리틀의 연구를 지지하는 몇 편의 논문이 나왔다. 가장 최근

에는 2003년에 조지프 라코니쇼크(8장에서 언급했던 LSV 논문의 공저자)와 몇 사람이 1951년 이후 모든 미국 회사를 포괄하는 주요한 연구를 수행했다. 그들은 장기적인 성장률에서의 지속성을 약간 발견했다. 그러나 단지 어쩌다가 기대하는 우연 정도에 불과했다.

예컨대 동전던지기를 하는 1,000명의 사람들에게 각자 10번을 던지게 하면 앞면이 계속 나오는 사람이 평균 한 명꼴로 나온다. 그렇다고 그 사람이 동전을 던져 앞면이 나오도록 하는 데 더 재주가 좋다고 할 수는 없다. 그건 단지 우연일 뿐이다. 이익이 급격히 성장하는 일관성 있는 역사를 가진 회사들도 마찬가지이다.[2]

이익의 예측 가능성 검증(영국 사례)

필자는 1975년부터 2004년까지 모든 영국 주식들의 자료를 구한 후 흑자와 이익 증가를 보인 과거 기간에 따라 그 회사들을 분류했다. 이렇게 하는 것이 수익률을 예측하는 데 효과가 있는지 알아보기 위해서 필자는 각 그룹별로 다음 해의 평균 수익률을 계산했다. 그랬더니 단지 1년만 흑자를 보인 회사부터 최대 8년간 흑자와 이익 증가를 보인 회사까지 연속해서 더욱 제한적인 선별기준이 나왔다.

〈표 10-1〉 첫 번째 줄의 17.83%는 양쪽 모두 똑같다. 딱 한 해만 흑자를 기록한 회사들은 이익 증가도 했기 때문에 흑자와 이익 증가

---

[2] 어떤 회사가 PEG를 받을 수 있으려면 '4년 동안의 흑자와 이익 증가'라는 기업 REFS의 요구 조건이 쓸모없다는 것을 의미하는 건 아닐까?

를 한 회사들과 동일한 회사들이라서 그렇다. 전년도 흑자를 기록한 모든 회사들은 양쪽에 나타난다. 다음 줄에 나타나는 회사의 조건은 더욱더 제한적이 되어간다. 맨 아래 8년간 흑자를 보인 모든 회사들(이익 증가 회사 포함)은 다음 해에 평균 18.13%의 수익률을 기록했다. 8년간 흑자는 물론이고, 매년 이익이 증가하기까지 한 모든 회사들은 다음 해에 평균 16.8%의 수익률을 기록했다.

전체적으로, 평균 수익률은 달라진다. 그러나 매우 미세할 뿐, 특정한 방향성이 있는 것은 아니다. 흑자를 기록한 연도의 수나, 이익이 증가한 연도의 수를 기준으로 회사들을 걸러내는 것은 더 나은 수익률을 가져다줄 회사들의 리스트를 제공해주지 못한다. 달리 말하면, 이런 종목 필터링은 시간 낭비일 뿐이다.

〈표 10-1〉 조건별 다음 해 수익률

	흑자	흑자 및 이익 증가
1년간	17.83%	17.83%
2년간	17.67%	18.56%
3년간	17.72%	17.58%
4년간	17.90%	16.85%
5년간	18.07%	16.72%
6년간	18.20%	17.84%
7년간	18.27%	17.41%
8년간	18.13%	16.80%

* 흑자를 보인 회사 또는 흑자와 이익 증가를 보인 주식들의 연평균 수익률(1975~2004년의 모든 영국 주식 대상).
* 9년 이상 흑자를 기록한 회사는 있어도 흑자와 이익 증가를 동시에 기록한 회사는 없음.

그러나 이 자료가 시사하는 바는 '몇 년간의' 흑자 기록은 중요하다는 점이다. 이익을 내지 못해서 오랫동안의 손실 기록을 가진 회사들은 빈약한 수익률을 보여주고, 당연히 파산할 확률이 더 높다. 그러나 일단 회사가 흑자만 내고 있다면, 그 이상은 크게 의미가 없다. 즉, 흑자 기간이나 이익 증가 기간에 따라 추가적으로 종목 선별 작업을 해봐야 표에서 보듯 투자수익률에 큰 차이가 있지는 않았다.

회사를 비교할 때도 PER이 낫다

이런 증거를 보고서도 당신이 여전히 장기적 관점의 전망 주당순이익 성장률이 그럴듯하게 정확할 수 있다고 생각한다면 누가 뭐라 하든 PEG를 사용하길 원하는 것이다. 그러나 여전히 신중해야 할 필요가 있다.

애스워드 다모다란 교수가 자신의 저서 『주식 가치평가Investment Valuation』에서 설명했듯이, 제 가치를 충분히 반영한 회사에 기대하는 PEG는 사실상 이익 성장률, 배당성향(이익 중 배당으로 지급되는 비중), 자본조달비용 등에 달려 있다. PEG 공식이 매우 복잡한 탓에 이에 대해 자세히 다룰 생각은 없다. 이 모든 것에 대한 논란과 몇몇 공식들을 알고 싶다면 다모다란 교수의 저서를 참고하기 바란다.

설령 똑같은 산업에 속해 있더라도 이익 성장률, 사업 리스크, 배당성향 등이 매우 다른 두 회사의 PEG를 비교하는 것은 정말로 바람

직하지 않다. 만약 당신이 그렇게 유사한 두 개의 회사를 발견해낼 수만 있다면, PEG는 유효할지 모르겠다. 그러나 그때도 그 둘을 비교하는데 PER 비율을 사용하는 것이 더 나을 것이다.

>> 핵심 포인트 <<

- ☑ 영국에서 출간된 짐 슬레이터의 2권의 베스트셀러『줄루 주식투자법』과『돈이 불어나는 성장주식 투자법』은 크게 봤을 때 모두 저가의 성장주를 찾아내는 종목 발굴 도구로서의 PEG 사용법에 바탕을 두고 있다.
- ☑ 소형 기술주의 PEG를 계산하려면 데이터가 없기 때문에 투자자가 직접 그 회사의 미래 성장률을 추정해야 한다.
- ☑ PEG는 이익 성장률 추정이 무엇보다 중요하지만, 이익 성장률은 "본질적으로 예측할 성질의 것이 아니다"라는 학술적 증거를 무시하기 어렵다.
- ☑ 흑자를 기록한 연도의 수나, 이익이 증가한 연도의 수를 기준으로 회사들을 걸러내는 것은 더 나은 수익률을 가져다줄 회사들의 리스트를 제공해주지 못한다.

Chapter 11

장기 PER의 수익 예측력
– PER의 단기 편향 해결

 왜 사람들은 PER을 사용해서 어떤 회사를 평가하려고 할 때 단지 1년 치의 이익만 고려할까? 1년은 지구가 태양을 한 번 도는 데 걸리는 시간이고 법적으로는 회사들이 감사보고서를 제출해야 하는 시간이다. 그러나 많은 회사들에게 1년은 그 회사들의 비즈니스 사이클에 잘 맞지 않는다.

 대다수 회사들의 영업 활동에 영향을 가장 많이 끼치는 것은 전반적인 경제의 건전성이다. 장기적인 관점에서 회사의 잠재적 수익력을 정확하게 얻어내려면 전체 경제 사이클에 걸쳐서 그 회사의 이익을 측정해야 한다. 경제 사이클은 일반적으로 평균 7~8년간 지속된다고 알려져 있다.

 벤저민 그레이엄과 데이비드 도드의 아이디어 역시 많은 좋은 아이디어처럼 수십 년 전에 최초로 공개되었지만, 그 후로 전혀 진전이 되지 않았다. 두 사람은 1934년판 『증권분석』에서 적어도 5년, 더 이상적으로는 7년에서 10년 정도의 기간에 걸쳐 평균적인 이익을 사용할 것을 권장했다. 그래야 회사의 수익력에 대한 좀 더 신뢰할 수 있고, 현실성 있는 관점을 얻을 수 있다는 것이다.

2001년 로버트 쉴러도 저서 『비이성적 과열Irrational Exuberance』에서 비슷한 생각을 밝혔다. 다만 그것은 전체 시장의 PER에 관한 측면에서였다. 그가 제안한 10년짜리 이른바 '경기순환 조정 PER'(앞자를 따서 CAPE로 축약)은 시장이 전체적으로 장기적 평균치에 비해 어느 정도나 과대평가, 혹은 과소평가됐는지를 측정하는 데 유용했다.

그러나 2006년 필자의 논문이 나오기 전까지는 어느 누구도 그레이엄과 도드의 주장을 과학적으로 검증할 생각을 하지 못한 것 같다.

필자는 이런 일이 많은 학문 분야에서 비일비재하다고 생각한다. 문득 프랑스의 수학자인 루이 바슐리에가 떠오른다. 그는 파리 주식시장에서 주가의 움직임을 연구했다. 1900년 그의 박사학위논문은 시장 가격을, 이제는 소위 '랜덤워크'로 불리는 것으로 최초로 묘사했다. 불행하게도 그의 연구는 시대를 너무 앞질렀다.

주가가 실제로 변화하는 방식을 꼼꼼히 살펴보면서 궂은 일을 하는 것은 당시의 학문적 수학 세계에는 맞지 않았다. 그리고 재무학도 당시에는 없었다. 맞기는 하지만 적용하기는 어려운 아이디어들이 일반적으로 그러하듯이, 그의 아이디어는 금세 잊혀졌다.

결국 미국 재무학자들이 1950년대에 이를 재발견했는데, 주가의 움직임에 관한 모델을 거쳐 종국에는 1973년 블랙숄즈 옵션 가격 모델로까지 이어졌다. 이 모델은 오늘날 옵션 가격 결정에 매일 수백만 번씩 사용되고 있다.

2008년 이래 프랑스 파리의 부르스 광장에는 그의 이름을 딴 루이 바슐리에연구소가 있다. 단언컨대 그가 살아있었다면 이걸 보고 매우 자랑스러워 했을 것이다. 그가 살아 있을 때 수학계나 증권업계의 영향력 있는 누군가가 그의 아이디어에 대해 관심을 보여주었다면 더욱 자부심을 느꼈겠지만 말이다. 아쉽게도 그는 대부분의 직업적 여생을 시골 대학들에서 학생들을 가르치면서 평범하게 보냈다.

장기 PER은 좀 더 효율적인 주식분석을 향해 나아가는 점진적 단계이다. 『증권분석』은 여태까지 수십 년 동안 수백만 명이 읽었을 것이 분명한 유명도서이다. 그러나 그들 중 누구도 70년이 지나도록 장기 PER과 관련된 그레이엄과 도드의 주장을 검증하는 데 관심을 가지지 않았다는 점이 의아할 뿐이다. 그래서 필자가 직접 나섰다.

헤인즈의 장기 PER

회사의 PER을 계산할 때 몇 년 치의 과거 이익을 고려해야 할까? 헤인즈의 사례를 다시 살펴보자.

놀랍게도 헤인즈는 수십 년 동안 흑자 기록을 이어오고 있다. 그러나 최근 10년간의 이익만 집중해서 살펴보자. 2009년 5월 1일을 기준일로 삼는데, 그날이 이 장 후반부와 다음 장에서 소개하는 포

〈표 11-1〉 헤인즈 출판사 주당순이익 (단위 : 펜스)

연도	2000	2001	2002	2003	2004	2005	2006	2007	2008	2009
EPS	21.5	1.9	9.5	19.3	31.2	34.1	35.2	31.4	30.3	26.3

* 자료 : 데이터스트림

트폴리오를 최종적으로 구성한 날이기 때문이다.

이런 기록이 기업 REFS 같은 정보제공회사나 연차보고서에서 얻은 주당순이익 수치와 정확히 일치하는 것은 아니라는 점을 기억하자. 정보제공업체의 주당순이익 수치는 때때로 자신들만의 계산방식에 따르는 것처럼 보이는데 이는 중간 실적이 나오면 업데이트하고, 주식분할 등의 경우에는 조정을 하기 때문이다.

헤인즈는 2009년 5월 1일 주가가 148펜스였고, 따라서 역사적(지난해) 1년 PER은 다음과 같다.

$$\frac{148}{26.3} = 5.6(배)$$

2년 PER은 다음과 같다.

$$\frac{148}{(30.3, 26.3의 평균치)} = 5.2(배)$$

이렇게 10년 PER을 구하면 다음과 같다.

$$\frac{148}{(21.5, 1.9, \cdots\cdots 26.3의 평균치)} = 6.1(배)$$

따라서 장기 PER 기준으로 헤인즈는 10년 PER이 6.1배로 여전히 가치주이다. 그러나 이제는 더 이상 그렇게 낮은 PER을 가지고 있지는 않은데, 왜냐하면 과거 5년간에 걸친 이익이 특이하게 좋았기 때문이다. 그 전에 5년간의 더 낮은 이익은 10년 PER을 더 높게 만든다. (실제로 헤인즈의 31년간 평균 주당순이익은 16.2펜스다. 이 경우 31년 PER은 9.1배이다.)

헤인즈는 10년 PER이 2009년에 10분위수 중 8분위수에 해당된다. 이것은 최소한 20%의 회사들이 그 해에 헤인즈보다도 더 낮은 PER을 기록했다는 것과 함께 글로벌 금융위기가 있었던 그 당시 시장 전체의 PER이 특이하게 낮았다는 것을 의미한다.

장기 PER은 어떤 쓸모가 있을까?

이처럼 더 오랜 기간의 장기 PER이 수익률을 예측하는데 어떤 쓸모가 있는지를 검증하기 위해서 필자는 2부에서 다뤘던 대부분 논문들도 사용했던 표준적 절차를 수행했다.

먼저 필자는 1975년 이래 모든 영국 회사들의 자료를 만들었다.(특정 시점에는 4,000개 이상이 상장됐었다.) 그리고 나서 연도별로,

1975년 4월 30일, 1976년 4월 30일, 이런 식으로 해서 2009년 4월 30일까지 해당 기준일에 주식시장에 상장되어 있던 모든 회사들의 리스트를 정리했다. 그 결과, 연도별 그룹에 따라 투자에 활용할 수 있는 약 1,300개 회사들의 리스트가 만들어졌다. (이런저런 이유로 회사가 없어지거나 다른 회사에 인수당하기 전에 평균적으로 겨우 7년간 상장을 유지했다.)

그러고 나서 연도별로 회사의 1년 PER에 따라 회사들을 분류한 후 10개 그룹으로 나누었다. 이는 10개의 포트폴리오에 대한 투자를 의미한다. 다시 말해 PER을 기준으로 PER이 가장 낮은 10%, 그 다음으로 낮은 10%, 그리고 이런 식으로 가장 높은 10%까지 포트폴리오를 만들었다.

필자는 1년 동안 그 모든 주식들을 보유한다는 가정 하에 10개 그룹에 속한 회사들의 배당금을 포함한 평균적인 수익률을 계산했다. 즉, 1975년 5월 1일~1976년 4월 30일, 1976년 5월 1일~1977년 4월 30일, 이런 식으로 해서 2009년 5월 1일~2010년 4월 30일까지 계산했다.

이전 논문과의 차이점은 계속해서 그 분류 통계치를 조정했다는 점이다. 그래서 처음에는 모든 회사들을 1년 PER에 따라 분류하고, 1975~1976년부터 2009~2010년까지 모든 1년간의 보유기간별 평균 수익률을 계산했다. 그러고 나서 2년 PER을 기준으로 똑같은 작업을 거쳐 그 회사들을 다시 분류했다. 그것은 모두 똑같은 회사들이었고, 각각 똑같이 1년 수익률이었다. 그러나 그들 중 일부는 PER

이 바뀐 탓에 다른 포트폴리오 그룹으로 분류됐다. 이런 식으로 10년 PER에 이를 때까지 계속해서 분류했다. 결과는 이랬다.

더 많은 해의 이익을 PER의 이익 부분에 반영하는 것은 수익률을 예측하는 데 있어 PER의 영향력을 훨씬 증가시킨다. 〈표 11-2〉는 이를 잘 보여준다.

맨 위 왼쪽 칸은 만약 1975년 4월 30일부터 2009년 4월 30일까지 해마다 1년짜리 역사적 PER에 따라 가장 높은 10%의 회사들을 골라서 1년 동안 하나의 포트폴리오에 담아 보유했다면 매해 평균

〈표 11-2〉 이익 반영년수와 성과 차이

(단위 : %, %포인트)

	PE1	PE2	PE3	PE4	PE5	PE6	PE7	PE8	PE9	PE10
D1(최고 PER)	14.23	14.55	15.50	15.46	1511	15.40	15.27	14.46	13.27	12.18
D2(2분위)	16.35	16.56	14.23	15.01	14.42	15.40	14.90	15.30	14.67	14.27
D3(3분위)	15.22	16.63	17.24	17.69	16.79	15.96	15.17	14.05	14.08	15.16
D4(4분위)	15.22	16.64	16.42	16.15	16.78	14.89	15.19	15.70	15.39	13.07
D5(5분위)	14.87	14.58	14.75	14.82	14.46	16.67	15.92	15.39	15.52	15.99
D6(6분위)	16.09	16.68	17.05	15.61	15.46	15.58	16.85	16.90	16.71	16.51
D7(7분위)	17.65	15.73	16.35	17.27	17.95	16.47	15.67	15.91	16.00	14.77
D8(8분위)	16.97	17.34	17.53	18.39	17.53	17.67	16.32	15.58	16.08	16.54
D9(9분위)	19.59	16.53	16.35	16.40	17.68	18.04	18.57	18.03	17.47	16.46
D10(최저 PER)	19.91	19.11	18.30	18.61	19.41	19.30	20.56	21.42	21.16	21.63
D10 – D1	5.67	4.56	2.79	3.15	4.30	3.90	5.29	6.96	7.89	9.45

* PE1 : 1년 PER
PE10 : 현재 주가를 10년 평균 EPS로 나눈 장기 PER

D1 : 최고 PER 그룹, D2 : 그 다음으로 낮은 그룹, … D10 : 최저 PER 그룹

14.23%의 수익률을 얻는다는 것을 의미한다. 이것은 매우 훌륭한 수익률처럼 보인다. 1년 역사적 PER에 따라 분류한 회사들 중 가장 낮은 10%의 회사들을 가지고 똑같은 과정을 했더라면 얻었을 결과만 아니라면 말이다. 그렇게 하면 연평균 19.91%의 수익률을 얻게 된다. (PE1, D10) 이 둘의 평균 수익률의 차이는 맨 밑의 'D10-D1'로 1년에 5.67%포인트이다.

표의 왼쪽에서 오른쪽으로 이동하면 1년 PER을 기준으로 분류한 뒤 만들어진 포트폴리오의 평균수익률, 그 옆에 2년 PER에 따른 수익률, 그런 식으로 가장 오른쪽에는 10년 PER을 사용한 PER 포트폴리오의 수익률을 보여준다.

2분위에서 9분위로 가면서 수익률이 조금씩 올라가는 것을 볼 수 있다. 따라서 'D10-D1' 행은 단지 우연한 수치는 아니다.

우리가 정말로 흥미를 가지는 것은 고PER과 저PER 분위수 포트폴리오들간의 평균 수익률의 차이다. 이것이 '밸류 프리미엄'이자, 수익률을 예측하는데 우리의 수치가 얼마나 유용한지를 보여주는 도구이다. 이 부분은 맨 마지막 행에서 볼 수 있다.

1년 PER(PE1)의 5.67%포인트에 해당하는 'D10-D1' 밸류 프리미엄은 기대에 부합한다. 대부분의 공개된 검증에서 PER 기준으로 가장 낮은 10%의 주식들이 가장 높은 10%의 주식들을 연평균 5~6%포인트의 차이로 앞질렀다. 이런 차이는 점점 더 많은 과거 연도의 이익을 PER 계산에 포함시킨 열로 갈수록 즉, 마지막 행의 왼쪽에서 오른쪽으로 갈수록 처음에는 떨어지다가 5년이나 그 이상의 과거 이익을 포함시키면 다시 올라간다.

  아마도 이것이 왜 장기 PER이 과거에 인기를 얻지 못했는지를 설명해주는 이유가 될 것 같다. 설령 누군가 이런 방식을 사용했더라도 더 짧은 기간의 이익 기록만을 사용했을 것이다. 단지 1년 PER을 향상시킬 목적으로 과거 이익 연수를 좀 더 길게 충분히 사용하지 않은 것이다.

  가장 오른쪽 열에서 과거 10년의 이익의 평균치를 사용해 PER을 계산했더니 수익률을 예측하는 데 있어 PER의 영향력이 3분의 2 정도로 증가했다.(9.45%포인트 대 5.67%포인트)

  과거의 이익을 평균화하는 것은 과거의 매해가 어떤 회사의 장기적 수익력에 관한 한 똑같이 유용한 정보의 무게를 가지고 있다는 것을 가정한다. 경제 상황과 회사의 이력이 시간이 가면서 바뀌기 때문에 지난해의 이익이 10년 전의 이익보다 훨씬 더 나은 가이드가 되어야 하지 않을까라고 생각할 법하다. 그러나 분명히 말하건대, 그렇지 않다.

  또한 가중치를 어떻게 조정하더라도 단순 평균치보다 유의미할 정도로 더 나은 결과를 얻을 수 없었다. *더 나아가, "6년이나 그보다 더 긴 기간의 이익을 평균해서 계산한 PER이 1년 PER보다 더 나았다."*

  분명히 말하건대, 한 회사의 진정한 이익 잠재력은 매우 오래 지속하는 현상이다. 만약 지금부터 50년이 지난 다음에 이 책을 읽고 있다면 필자가 주장하는 바를 더 잘 이해하게 될 것이다.

고PER과 저PER 포트폴리오 운용하기

1975년 이래 고PER 포트폴리오와 저PER 포트폴리오를 운영하면 어떤 성과를 낼지를 살펴보자. 〈그림 11-1〉은 과거 긴 기간의 이익을 반영함으로써 PER의 영향력을 크게 향상시킬 수 있다는 것을 보여준다.

차트가 의미하는 것은 매해 PER이 가장 높은 10%와 가장 낮은 10%의 주식들을 사서 1년간 보유한 후 매도하고, PER을 다시 계산해 똑같은 과정을 되풀이했을 때 얻게 될 성과이다. PER을 기준으로 인기주 포트폴리오와 가치주 포트폴리오를 운용하는 셈이다. 먼저

〈그림 11-1〉 가치주와 인기주 포트폴리오의 가치

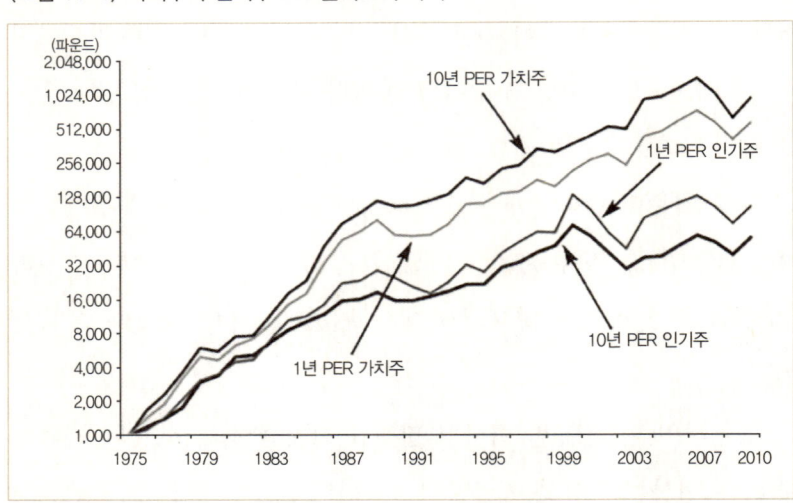

* 회사들을 10분위로 분류하기 위해 1년 PER과 10년 PER을 사용. 10년 PER은 과거 10년 동안에 걸친 평균 이익을 사용해 계산한 PER을 의미.

가치주와 인기주를 결정하기 위해 1년 PER을 사용한다. 이를 통해 2개의 중간에 있는 선들이 만들어졌다.

그 바깥의 2개 선도 정확히 똑같은 과정을 거쳤는데, 포트폴리오 구성을 위한 주식 분류를 위해 1년 PER 대신에 1975년 이래 매해 10년 PER을 사용하는 것을 가정한다.

4개의 포트폴리오는 1975년에 각각 1,000파운드로 운용을 시작한다. 얼핏 그래프를 보면 성과 차이가 그렇게 큰 것처럼 보이지 않을 수 있다. 그러나 이는 로그 눈금 때문이다. 2010년 5월 10년 장기 PER을 사용한 가치주 포트폴리오는 1년 PER을 사용했을 때보다 65% 이상의 가치가 더 있는 것으로 나타났다. (94만 8,000파운드 대 57만 5,000파운드).

더욱 많은 연도를 반영하면 장기 PER이 빈약한 성과를 내는 인기주들을 찾아내는 데에도 역시 더 효과적이다.(헤지펀드에서 롱숏 포트폴리오를 운용할 때도 유용하다).

인기주 포트폴리오에서의 차이는 더욱더 두드러졌다. 즉, 10년 PER 기준인 인기주 포트폴리오는 2010년 5월 단지 5만 6,000파운드의 가치가 있는 것으로 나타난 데 비해 1년 PER에 따른 인기주 주식 포트폴리오는 10만 5,000파운드에 달했다.

5만 6,000파운드도 매우 부러워할 만한 수익처럼 보일지 모르지만 복리수익률로는 35년간에 걸쳐 연간 12.18%의 수익률에 해당된다. 이는 인플레이션을 반영한 것이 아니어서, 1970년대에 26%까지 올랐던 인플레이션을 고려할 필요도 있다. 국채수익률은 매년 8%

수준이었고, 확실히 보장되는 수익이다. 국채수익률을 단지 4%포인트 정도 앞서는 것은 여러 가지 리스크를 감안했을 때 결코 자랑할 만한 것은 아니다.

지금까지 살펴본 대로 공짜로 얻을 수 있는 공개 자료를 사용하고, 대단한 머리를 쓸 것도 없이 단순히 이런저런 방식으로 주식들을 분류해 포트폴리오에 담아 과거 수년간의 이익을 반영하자, 가치주 포트폴리오의 수익률이 꽤 향상된 것으로 나타났다. PER에 장기적 이익을 사용한 것으로 말이다. 아울러 인기주의 경우에는 예상했던 대로 훨씬 나쁜 수익률이 나왔다.

이제 이런 질문을 던질 수 있을 것 같다. 주식시장은 정말로 얼마나 효율적인가? 필자는 혼자서 개인 컴퓨터를 통해 데이터스트림에서 구한 엑셀 자료를 가지고 작업을 했다. 매트랩Matlab(수치 해석 및 프로그래밍 환경을 제공하는 공학용 소프트웨어)을 사용하는 은행 담당 애널리스트들이 더 잘할 수 있다고 자신 있게 말할 수 있을까?

그러나 아직 다 끝나지 않았다. PER의 영향력을 향상시킬 수 있는 더 나은 방법들이 있다. 다음에 소개할 두 개의 장에서 이것들을 살펴볼 것이다.

▶▶ 핵심 포인트 ◀◀

☑ 많은 회사들의 경우 1년은 그 회사들의 비즈니스 사이클에 잘 맞지 않는다. 장기적인 관점에서 회사의 잠재적 수익력을 정확하게 얻어내려면 전체 경제 사이클에 걸쳐서 그 회사의 이익을 측정해야 한다. 경제 사이클은 일반적으로 평균 7~8년간 지속된다고 알려져 있다.

☑ 장기 PER은 단지 좀 더 효율적인 주식분석을 향해 나아가는 점진적 단계다.

☑ 더 많은 해의 이익을 PER의 이익 부분에 반영하는 것은 수익률을 예측하는 데 있어 PER의 영향력을 훨씬 증가시킨다.

☑ 가중치를 어떻게 조정하더라도 단순 평균치보다 유의미할 정도로 더 나은 결과를 얻을 수 없었다. 더 나아가 "6년이나 그보다 더 긴 기간의 이익을 평균해서 계산한 PER이 1년 PER보다 더 나았다."

☑ 10년 장기 PER을 사용한 가치주 포트폴리오는 1년 PER을 사용했을 때보다 65% 이상의 가치가 더 있는 것으로 나타났다. 더욱 많은 연도를 반영하면 장기 PER이 빈약한 성과를 내는 인기주들을 찾아내는 데에도 역시 더 효과적이다.

Chapter 12

분해 PER과 4가지 요인
– 요인별 PER 영향력 분석

앞에서 살펴본 것처럼 회사 자체의 이유가 아닌데도 PER에 영향을 끼치는 많은 요인들이 있다. 특히 다음의 4가지는 베테랑 투자자에게는 어느 정도 알려진 것이다. 물론 이것이 완전한 리스트는 아니다. 실제로는 내가 고려하지 못한 PER에 영향을 끼치는 다른 요인들이 분명히 있을 수 있다. 그러나 이 4가지는 후행연구에서도 검토되고 있는 요인들로 비중이 있는 편이다.

이런 요인들이 PER에 미치는 영향이 어떤지를 검토해서 반영하는 것이 PER을 좀 더 유용한 수치가 되도록 만들어줄까? 이것이 바로 이번 장과 다음 장에서 답하려고 하는 것이다.

참고로 지금부터 언급하는 모든 PER은 10년 PER이다. 다시 말해 PER 계산 시 분모의 이익 자리에 과거 10년 치 이익의 평균값을 사용한다.

내 생각에 한 회사의 PER에 영향을 끼치는 4가지 요인은 다음과 같다.

1. 연도$_{year}$ 요인

평균적인 시장 PER은 투자자가 보이는 확신감의 전체적 수준에 따라서 해마다 달라진다.

2. 섹터$_{sector}$ 요인

회사가 사업을 영위하고 있는 산업 분야. 예를 들어 컴퓨터 섹터의 평균 이익은 유틸리티 섹터보다 빠르게 성장하고 있다.(2000년에서 2003년까지 닷컴 붕괴로 인한 일시적인 문제에도 불구하고, 최소한 수십 년 동안 평균적으로 그렇다.) 장기적으로 더 빠르게 성장하고 있는 섹터의 회사들은 더 높은 PER을 받을 만하다. 더욱더 빨리 성장하는 이익이 미래에도 지속될 것으로 기대할 수 있고, 따라서 투자자들이 미래에 거둬들일 이익에 대해 더 많은 돈을 지금 지불할 것이라고 예상할 수 있다.

3. 규모$_{size}$ 요인

금융 관계자(학계나 시장참여자)는 거의 예외 없이 회사의 규모를 시가총액으로 측정한다. 회계사들은 보통 자산의 장부가치를 자주 사용하는데, 주가가 대개 그 근처에서 형성되기 때문이다. 일부 학자들은 종업원의 수를 사용하곤 하는데 유형자산은 거의 없고, 회사의 잠재력이라곤 종업원의 머릿속에 있는 지적재산이 대부분인 서비스 회사를 살펴볼 경우에는 유용하다. 회사 규모를 어떻게 측정하든지 간에 대규모 회사가 소규모 회사보다 훨씬 더 높은 PER을 가지는 경향이 있고, 대개는 거의 정비례한다.

4. 개별idiosyncratic 요인

같은 섹터에서 영업활동을 하고, 유사한 회사 규모를 가지고 있는 회사들이라고 할지라도 서로 다른 PER을 가진다. 필자는 '개별 요인'이라는 용어를 사용해 이를 설명한다. 이는 대규모 공급 계약 발표로 나오는 것일 수도 있고, 임원들이 주식을 샀는지 팔았는지에 따라 또는 애널리스트들이 회사에 대해 얼마나 우호적으로 추천했는지에 따라 나오는 그 어떤 것일 수 있다. 이런 요인의 대부분은 다른 회사에는 영향을 끼치지 않는다.

이런 4가지 요인들이 PER에 끼치는 영향을 어떻게 반영할 수 있을까?

일부 독자들은 이미 본 적이 있을지도 모르겠는데, 아래 등식이 '듀폰 분석DuPont analysis'이다. 자산수익률(ROA)은 순이익을 총자산으로 나눈 것이다. 이것은 회사 경영진이 이익을 창출하는데 자산을 얼마나 잘 활용하는지를 측정하는 도구이다. ROA는 다음과 같이 분해decomposed될 수 있다.

$$\text{ROA} = \frac{\text{순이익}}{\text{총자산}} = \frac{\text{순이익}}{\text{매출액}} \times \frac{\text{매출액}}{\text{총자산}}$$

등식의 오른편에 있는 첫 부분은, 순이익을 매출액으로 나눈 것으로 회사의 순이익률을 보여준다. 두번째 부분은, 매출액을 총자산으로 나눈 것으로, 자산회전율을 나타낸다. 이는 회사가 자산을 활용해서 얼마나 효율적으로 매출액을 발생시키는지를 보여준다. 이 단순한 분해식은 회사가 얼마나 효율적으로 운영되고 있는지에 관해 단순한 ROA보다는 더 많은 것을 설명해준다.

분해된 PER을 가지고 필자는 각 회사의 PER에 정확히 일치하지는 않더라도 유사한 뭔가를 하려고 노력했다. 필자는 회사의 PER에 영향을 끼치는 4가지 요인 각각을 추출해냈다.

$$\frac{\text{실제 E/P}}{\text{평균 E/P}} = \frac{\text{연도 E/P}}{\text{평균 E/P}} \times \frac{\text{규모 E/P}}{\text{평균 E/P}} \times \frac{\text{섹터 E/P}}{\text{평균 E/P}} \times \frac{\text{개별 E/P}}{\text{평균 E/P}}$$

이것은 ROA 분해와는 분명히 다르다. 필자가 말하고자 하는 바는, PER이 4가지 요인의 산물이라는 점이다. 처음 3가지는 독립적으로 식별할 수 있다. 즉, 그 해의 평균 PER, 회사 규모에 해당하는 범주의 평균 PER 그리고 해당 섹터의 평균적인 PER이다. 마지막 요인, 즉 개별 PER은 독립적으로 식별되지 않고, 등식이 균형을 갖추도록 만들어주는 PER이다.

오른편에 있는 각각의 PER(등식에서는 E/P)을 평균 PER로 나누기

〈그림 12-1〉 PER에 영향 끼치는 요인 분석해 분해 PER 구하기

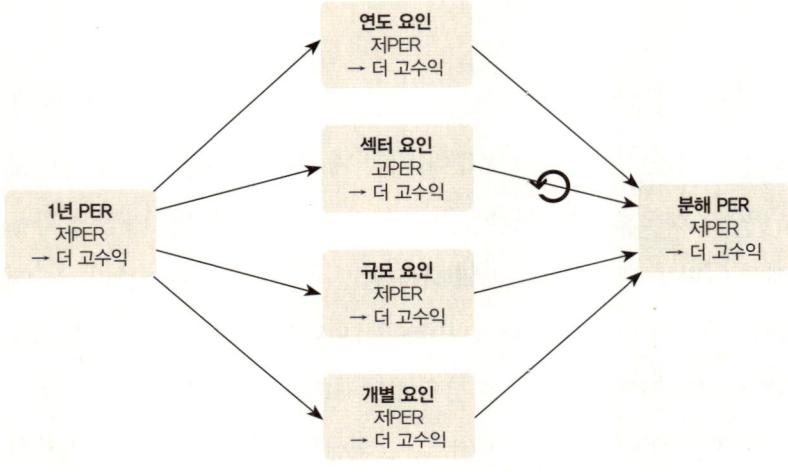

때문에 완벽히 평균적인 회사라면 각 요인은 1의 값을 가지게 된다.

예를 들어 만약 어떤 회사가 매우 높은 PER을 가지고 있는 섹터에 속해 있지만 실제 PER이 전체 회사를 통틀어 평균치라면 보정을 위해서 특히 낮은 개별 PER을 가지게 될 것이다.

필자는 수익률을 예측하는데 각 요인의 영향력을 계산했고, 적절히 가중치를 부여하고, 다시 그것들을 조합했다. 이 때문에 '분해 PER'은 부적절한 이름이 될지 모른다. 그러나 더 나은 이름을 찾지 못해 '분해 PER'을 그대로 쓰고 있다.

가장 중요한 사실은 섹터 요인이 다른 것과 정반대로 작용한다는 점이다. 따라서 섹터 요인은 PER이 재조합되기 전에 반대로 바뀐다.

〈그림 12-1〉에서 동그랗게 그려진 화살표의 의미가 그것이다. 반대 방향으로 작용하는 다른 요인들이 더 이상 없기 때문에 마침내 더욱 더 강력한 PER을 가지게 된다.

이제 각각의 요인들을 차례대로 자세히 알아보자.

1. 연도 요인

시장 전체 PER이 시기에 따라 얼마나 많이 달라지는가는 〈그림 12-2〉에서 볼 수 있다.

시장 전체의 PER은 시기별로 달라진다. 1987년 10월 '블랙먼데이'

〈그림 12-2〉 시장 전체 평균 10년 PER

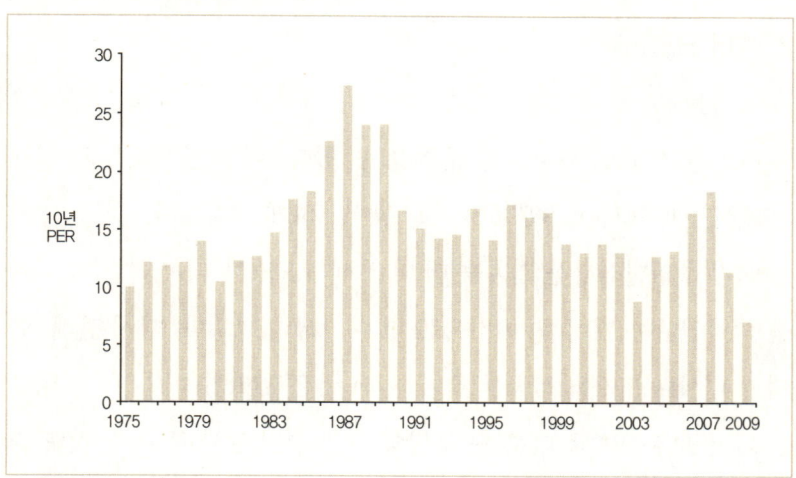

* 기간 : 1975~2009년

폭락 이전의 27.3배를 정점으로, 역사적 저점이었던 2009년의 9배까지 변화했다. 어떤 해에 시장 전체의 PER이 더 높을수록 다음해에 시장 수익률은 더 낮아지는 경향이 있다.

어떤 사람들은 시장 전체 PER을 매매 신호로 사용하는 것을 제안한다. 이것이 소위 '마켓 타이밍'이다. 안타깝지만, 시장 전체 PER은 평균 수익률을 예측하는 데 신뢰도가 떨어진다. 주식은 국채를 연평균 몇 %포인트 차이로 앞선다. 게다가, 시장 전체 PER은 이 차이를 메울 정도로 신뢰할 만한 충분한 지표는 아니다. 차라리 주식에 계속해서 투자하고 있는 것이 더 낫다.

뒤에서 살펴보겠지만 그 해의 시장 전체 PER은 모든 개별 주식의 PER에 영향을 끼치는 가장 강력한 요인이다.

2. 섹터 요인

다양한 섹터로 회사들을 분류할 수 있다. 이러한 섹터들의 평균 PER은 7.8배에서 42.5배까지 매우 광범위하게 달라진다.

여기서 의미심장한 결과는 더 낮은 섹터 PER이 '더 빈약한' 수익률을 의미한다는 것이다. 이것은 오직 여기서만 그렇다. 다시 말해, 언제 어디서나 PER을 검증한 결과는 '더 낮은' PER이 '더 나은' 수익률을 나타낸다. PER을 다룬 수백 편의 학계 연구 논문 중 어떤 것도 더 높은 PER이 더 높은 수익률을 가져온다고 주장하지는 않는다. 최소한 1999~2000년 사이의 기술주 거품 시기를 제외하고는 말이다.

그러나 이 유일한 정반대 사례, 즉 섹터 요인의 효과는 진실이다. 평균 20.7배로 높았던 소프트웨어 섹터는 자동차 부품 섹터(PER 8.3배)보다 정말로 평균적으로 더 나은 수익률을 보여줬다. 아마도 이는 개별 회사들의 수익률과는 별개로 소프트웨어 섹터 전체적으로 장기적으로 더 빨리 성장하는 산업이었기 때문일 것이다.

전체 PER 안에서 섹터 PER 요인은 전체 수익률에 대해 다른 나머지 요인들과 대조적으로 '정반대 효과'를 보인다. 분해 PER은 이 점을 고려한다.

이렇게 하면 성장 섹터에서 선호되지 않는 회사들은 일반적인 PER로 다루어질 때보다 가치주로 선택될 더 큰 기회를 갖는다. 전통적인 가치주 펀드는 불가피하게 가치주 섹터의 주식과 성장주 섹터의 가치주를 섞어서 구성된다. 그러나 후자가 더 좋은 수익률을 가져다줄 가능성이 크다.

여기서 생기는 의문점은 이것이 미래에도 지속될 것이냐는 점이다. 만약 20년이 지난 후 이 연구를 다시 한다면 섹터들의 순위가 여전히 똑같을까? 내 생각엔 전체적으로는 비슷하겠지만 세부적으로는 다를 것이다. 철강업은 여전히 저성장일 텐데, 이는 수십 년 동안 그래왔기 때문이다. 그러나 나노기술과 여태까지 존재하지 않던 산업들은 크게 성장할 것이다. 높은 PER을 가진 섹터들은 여전히 좀 더 나은 수익률을 보일 것이다.

3. 규모 요인

대규모 회사들은 보통 작은 회사들보다는 더 높은 PER을 부여받는다. 한 번에 수백만 주의 주식을 거래하는 펀드매니저들에게 유동성 문제가 아마도 이에 대한 가장 큰 이유인 것 같다.

펀드매니저는 실제로 대규모 회사 주식의 풍부한 유동성에 의존한다. 유동성이 풍부한 주식이 아니라면, 펀드매니저가 주식을 대량으로 매매하려고 할 때, 그는 자신에게 불리하게 시장을 움직이게 될 것이다. 대형 펀드의 매니저들은 이 때문에 더 큰 회사에 투자하는데 매력을 느끼게 된다. 그들은 시장의 자금 대부분을 운용하는 탓에 어쩔 수 없이 이에 대한 대가를 치르게 된다.[1]

필자는 회사의 규모에 따라 20개의 범주를 만들어 범주별로 각각의 평균 PER과 수익률을 계산했다. 〈그림 12-3〉을 참고하라.

회사 규모와 PER 사이에는 정비례까지는 아니더라도 밀접한 상관관계가 있다. 당연히, PER과 수익률 간의 관계를 고려하면, 연평균 수익률은 꽤 일관성 있게 달라졌다. 회사 규모가 가장 작은 5%의 회사들의 경우 연간 26.1% 수익률을 보였고, 가장 큰 회사들의 경우 연간 17% 수익률을 보였다.

---

1) 수만 명의 개인 고객을 가진 한 회사는 필자에게 그 회사의 애널리스트들이 단지 FTSE100 (FTSE-250 편입주는 드물게) 편입주식들만 담당한다고 밝혔다. 만약 고액자산가를 담당하는 400명의 개별 매니저들이 수백 명의 자기 고객들에게 어느 날 일거에 거래량이 거의 없는 소형 주식을 매매하라고 조언한다면 어떤 혼란이 발생할지 상상해보라.

〈그림 12-3〉 시가총액 범주별 평균 10년 PER

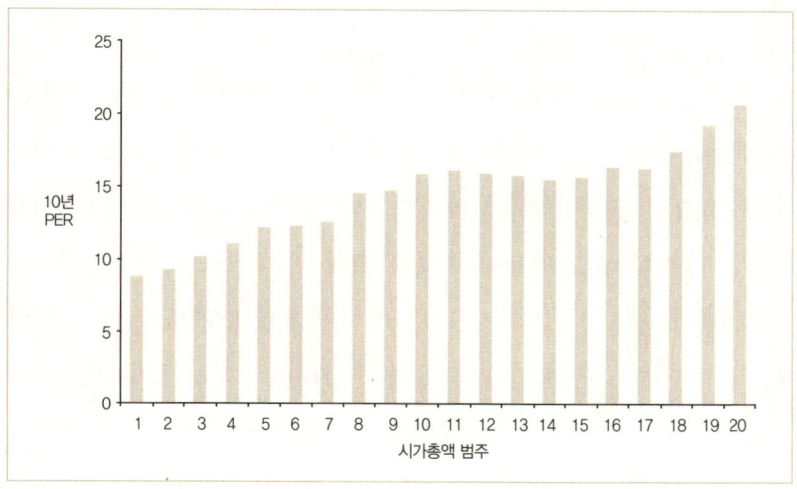

* 기간 : 1975~2009년

    그러나 '마켓 타이밍'을 위해서 시장 전체의 PER을 사용하는 것과 마찬가지로 이것을 단순히 매매 규칙으로 사용해서 PER을 고려하지 않고 가장 작은 회사의 주식들에만 투자한다면 문제가 있다.

    런던비즈니스스쿨의 딤슨과 마시 두 사람은 규모 프리미엄은 수년에 걸쳐 나타났다가 사라지곤 하는 것은 아니라고 밝혔다. 그것은 이미 26.1% 대 17% 안에 내포되어 있다. 물론 가장 작은 주식들의 탁월한 성과 역시 얼마나 매매를 자주 하느냐에 따라 충분히 훼손될 수도 있다.[2]

---

2) 영국의 경우, 매매를 할 때마다 규모가 가장 큰 회사들의 경우 1%의 세금이 부과되는 데 비해 가장 작은 회사의 경우 평균 8.2%의 세금이 발생한다.

분해 PER 만들기

각각의 요인들이 PER 안에서 어떻게 작용하는지 살펴봤기 때문에 이제는 분해 PER을 만들 수 있게 됐다. 각각의 요인들을 추출한 후에 그 요인들이 수익률을 예측하는 데 얼마나 유용한지에 따라 가중치를 부여했다. 그러고 나서 다시 분해 PER의 형태로 재조합했다.

〈그림 12-1〉에서 살펴봤듯이, 여기서 정말로 중요한 점은 이런 요인들이 서로 다른 가치를 가질 뿐만 아니라 "그들 중 하나는 다른 것들과 반대로 작용한다"는 것이다. 다시 말해 섹터 요인을 꺼내서 그것의 신호를 정반대로 돌린 후 다시 재조합하면 곧바로 훨씬 더 유용한 PER을 갖게 된다.

여기서 선형회귀와 가중치 시스템에 대해서 구체적으로 다루지는 않을 것이다.[3] PER의 어떤 요인이 미래의 수익률을 예측하는데 가장 유요한 정보를 제공하는지를 결정하기 위한 정도로만 선형회귀를 사용한다고 생각하면 된다. 그 요인들을 분류한 후 각각의 유용성에 따라 가중치를 부여하고[4] 분해 PER을 얻어내기 위해 다시 재

---

3) 선형회귀(Linear regression) : 필자는 이런 요인들을 설명하기 위해 등식으로 만들었다.

   Rtn= a + b*연도PER + c*산업PER + d*규모PER + 오차항(error term)

   1975년부터 2009년까지 수년간 관찰한 수천 개 회사 각각의 연간 수익률. 컴퓨터는 회귀분석을 통해 실제로 드러난 수익률에 가장 가깝게 '예측한' a, b, c, d의 값을 제공한다.

4) 가중치: 컴퓨터가 도출해낸 a~d에 대한 값의 상대적 크기와 신호들.

조합한다. 따라서 분해 PER은 실제로 분해되고, 가중치가 부여되고, 재조합된 PER이라고 할 수 있다.

수익률을 예측하는 데 있어 연도 PER은 규모 PER에 비해 대략 두 배 유용하고, 규모 PER은 섹터 PER이나 개별 PER에 비해 두 배 정도 유용한 잣대로 나타났다. 앞서 설명했듯이, 섹터 PER은 다른 요인들과 정반대로 작용한다. 따라서 섹터 PER의 가중치는 분해 PER 등식에서 유일하게 음의 신호를 갖는다.

[사례] 헤인즈의 분해 PER 구하기

다시 헤인즈의 사례를 통해 더 명확히 살펴보자. 2009년에 헤인즈의 주가가 148펜스였고, 10년 PER이 6.1배였고, 장기 PER이 8분위수에 속했다고 앞서 언급했다. 조정을 거치면 PER에 어떤 영향을 끼칠까?

연도 PER : 모든 연도를 통틀어 모든 회사들의 평균 PER은 13.8배이다. 2009년 모든 회사들의 평균 PER은 6.9배인데, 이는 최소한 1975년 이래 가장 낮은 것이다.

섹터 PER : 헤인즈의 섹터(출판)는 평균 14.4배의 PER을 가지고 있는데, 이는 약간 높은 편에 속한다.

규모 PER : 헤인즈의 시가총액은 1,088만 파운드로 2009년에는 시가총액 범주 2단계로, 가장 작은 5%에 해당하는 회사는 아니고 그 다음 단계에 속한다. 시가총액 범주 2단계에 해당하는 회사들은 평균 9.3배의 PER을 가지고 있다. 따라서 전 시기를 통틀어 모든 회사들의 평균보다 상당히 낮은 편인데, 이는 그 회사들의 규모가 그만큼 작기 때문이다.

개별 PER : 이 모든 것들을 분해 PER 등식에 대입하면 마침내 시장 전체나 회사 규모나 섹터 PER에 의해서는 설명되지 않던 전체 PER의 바로 그 부분이 17.41배라는 것을 알게 된다.

필자는 완벽한 설명을 원하는 사람들을 위해 아래에 설명을 추가했는데 원하지 않는다면 생략하고 넘어가도 무방하다.

(10년 E/P를 사용하고 있으므로 10으로 나누고 역수를 구해야 유의미한 PER을 얻을 수 있다.)

평균 E/P = 0.7239 ; $\dfrac{10}{0.7239}$ = 13.8141(배)

연도 E/P = 1.4419 ; $\dfrac{10}{1.4419}$ = 6.9353(배)

규모 E/P = 1.0751 ; $\dfrac{10}{1.0751}$ = 9.3015(배)

섹터 E/P = 0.6929 ; $\dfrac{10}{0.6929}$ = 14.4342(배)

실제 E/P = 1.6262 ; $\dfrac{10}{1.6262}$ = 6.1497(배)

분해 PER 등식을 재배열하면 다음과 같다.

$$\text{개별 E/P} = \dfrac{\text{실제 E/P} \times \text{평균 E/P}^3}{\text{연도 E/P} \times \text{규모 E/P} \times \text{섹터 E/P}}$$

$$= \dfrac{1.6262 \times 0.7239^3}{1.4419 \times 1.0751 \times 0.6929} = 0.5744$$

$$\text{1년 PER} = \dfrac{10}{0.5744} = 17.41$$

개별 PER을 산출해냈으니 이제 PER의 분해된 부분들에 가중치를 주고, 이를 다시 재조합할 수 있다. 다시 말하지만, 이 계산을 구체적으로 알고 싶지 않다면 건너뛰어도 좋다. 각각의 줄은 회귀계수 regression coefficient를 E/P와 각각 곱한 것이다.

연도 E/P : 0.3569 × 1.4419 = 0.5146

규모 E/P : 0.1578 × 1.0751 = 0.1706

섹터 E/P : −0.0795 × 0.6929 = −0.05551

개별 E/P : 0.0742 × 0.5744 = 0.0426

합계 = 0.6727

회귀계수의 합은 0.5103이다. 그래서 10년 E/P를 얻으려면 이것으로 나누어야 한다.

$$\frac{0.6727}{0.5103} = 1.3182$$

$$분해\ PER = \frac{10}{1.3182} = 7.6(배)$$

이는 2009년도 모든 분해 PER의 9분위수에 해당한다.

따라서 4개의 요인들에 가중치를 부여하고 다시 재조합한 결과는 헤인즈의 분해 PER인 7.6배가 다른 모든 회사들의 분해 PER과 비교했을 때 10분위수 등급 가운데 9분위수에 속한다는 것을 보여준다.

따라서 헤인즈는 10년 PER 기준으로는 8분위수에서 한 단계 위로 올라간다. 규모 요인에서 매우 작은 회사이기 때문에 위로 끌어올린다. 또한 섹터 PER이 높은데 이 역시 위로 이동시킨다. 섹터 PER은 다른 PER 요인들과 정반대로 작용한다는 것을 기억하라. 개별 PER은 높은 편이어서 아래로 이동시키지만, 전체적인 영향은 8분위수에서 9분위수로 한 분위수 위로 끌어올리는 쪽으로 작용한다.

분해 PER 효과 검증하기

새로운 분해 PER에 따라 분류한 것이 전체적으로 얼마나 잘 작동할까? 이것은 〈표 12-1〉에 나타나 있다. 분해 PER에 따라 분류했을 때 상하위 각각 10%에 속하는 주식들의 차이는 11.34%포인트까지 벌어졌다. 오로지 공짜로 얻을 수 있는 정보만을 사용했을 뿐인데 이런 큰 차이가 어떻게 해서 생겼는지를 설명하기가 쉽지 않다.

또 하나의 포트폴리오 그림이 PER의 보다 확장된 위력을 보여준다. 〈그림 12-4〉는 분해 PER에 근거한 가치주 및 인기주 포트폴리오의 수익률과 10년 PER에 근거한 포트폴리오의 수익률을 비교한다. 여기서 연도 PER, 규모 PER, 섹터 PER의 영향력은 아직 구분되지 않았다. 1년 PER 역시 비교를 위해 사용되었다.

Y축은 로그자logarithmic scale를 사용한다.[5] 가치주 포트폴리오의 경우, 분해 PER 포트폴리오는 10년 PER을 기준으로 한 포트폴리오보다 10% 더 많은 가치가 있는 것으로 나타난다.(104만 9,000파운드 대 95만 1,000파운드).

여기서의 큰 진전은 유독 빈약한 성과를 낸 인기주 포트폴리오들에 있다. 다시 말해, 분해 PER 기준 인기주 포트폴리오는 10년 PER 기준 포트폴리오보다 42% 더 낮은 성과를 낸 것으로 나타난다.(3만 5,000파운드 대 5만 6,000파운드). 분해 PER 기준 인기주 포트폴리오는 실제로는 단지 연간 10.65%의 수익률만 냈을 뿐이다. 이는 그 기간 동안 국채수익률보다 훨씬 큰 리스크를 무릅쓰고도 국채수익률보다

---

5) 로그자는 큰 수를 효과적으로 표시하기 위해서 두 눈금 사이의 '비율이 같은 것'들을 모두 거리가 같도록 눈금을 표시한다. 〈그림 12-4〉에서는 Y축의 두 눈금 사이가 두 배씩의 같은 비율로 표시되었다— 역자.

〈표 12-1〉 1년 PER, 10년 PER, 분해 PER 기준 포트폴리오의 연간 수익률

	1년 PER	10년 PER	분해 PER
1분위수 (고PER)	14.06%	12.18%	10.65%
2분위수	15.11%	14.27%	11.30%
3분위수	14.62%	15.16%	12.95%
4분위수	12.45%	13.07%	15.68%
5분위수	16.60%	16.01%	13.86%
6분위수	14.73%	16.51%	16.28%
7분위수	16.46%	14.81%	18.06%
8분위수	16.36%	16.51%	18.24%
9분위수	16.37%	16.46%	18.49%
10분위수(저PER)	19.90%	21.64%	21.99%
10분위수 − 1분위수	5.84%포인트	9.46%포인트	11.34%포인트

* 1975~2009년. 1년 PER에 나타난 수익률은 〈표 11-1〉과는 다른데, 이는 여기서는 10년간 온전히 흑자를 기록한 회사들만 사용하기 때문이다.

〈그림 12-4〉 1년 PER, 10년 PER, 분해 PER별 인기주와 가치주 성과

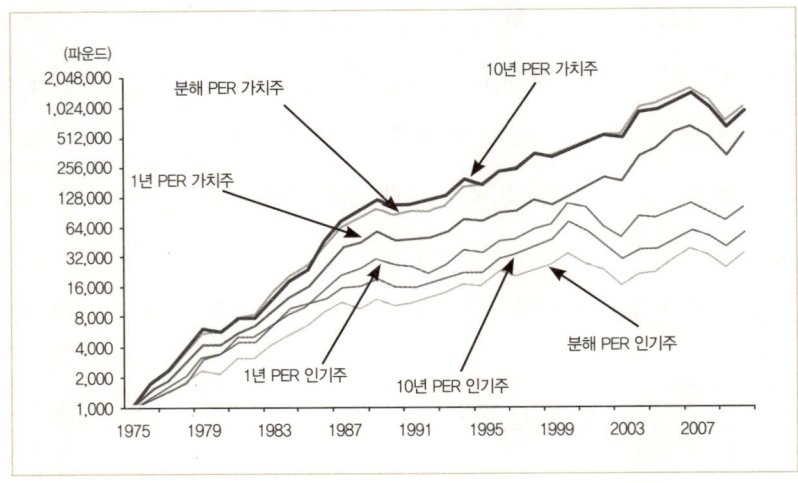

겨우 나은 정도에 불과하다. 이걸 보면 시장이 효율적으로 작동하고 있는지가 심히 의심스럽다고 할 수 있다.

> ▶▶ **핵심 포인트** ◀◀
>
> ☑ 필자는 수익률을 예측하는데 각 요인의 영향력을 계산했고, 적절히 가중치를 부여하고, 다시 그것들을 조합했다. 이 때문에 '분해 PER'은 부적절한 이름이 될지 모른다. 그러나 더 나은 이름을 찾지 못해 '분해 PER'을 그대로 쓰고 있다.
>
> ☑ 그 해의 시장 전체 PER은 모든 개별 주식의 PER에 영향을 끼치는 가장 강력한 요인이다.
>
> ☑ 전체 PER 안에서 섹터 PER 요인은 전체 수익률에 대해 다른 나머지 요인들과 대조적으로 '정반대 효과'를 보인다.
>
> ☑ 회사 규모와 PER 사이에 정비례까지는 아니라도 밀접한 상관관계가 있다. 당연히, PER과 수익률간의 관계를 고려하면, 연평균 수익률은 꽤 일관성 있게 달라졌다.
>
> ☑ 수익률을 예측하는데 있어 연도 PER은 규모 PER에 비해 대략 두 배 유용하고, 규모 PER은 섹터 PER나 개별 PER에 비해 두 배 정도 유용한 잣대로 나타났다. 섹터 PER은 다른 요인들과 정반대로 작용한다. 따라서 섹터 PER의 가중치는 분해 PER 등식에서 유일하게 음의 신호를 갖는다.

Chapter 13

네이키드 PER과 집중투자
– 욕심쟁이 투자자를 위한 경고의 이야기

　네이키드naked PER은 이전 장에서 사용했던 개별 PER과 같은 개념이다. 모든 회사는 서로 다른 PER을 가지고 있다. 심지어 똑같은 시가총액, 똑같은 섹터, 똑같은 시기의 또다른 회사라고 할지라도 말이다. 그런고로 네이키드 PER은 내가 이전 장의 앞부분에서 언급했듯이, PER의 기준이 되는 연도나, 사업을 영위하는 섹터, 회사의 규모와는 별개인 PER의 영역이다.

　처음에 필자는 이런 PER의 영역을 개별 PER이라고 불렀고, 12장에서도 그렇게 불렀다. 그런데 새로운 아이디어를 진전시키는데 필자보다 훨씬 더 탁월한 끼가 있는 동료 한 명이 제안하면서 개별 PER은 네이키드 PER이라는 더 멋진 이름을 갖게 되었다.

　네이키드 PER은 특히 극단적 가치주나 극단적 인기주를 찾아내는 데는 물론이고, 놀라울 정도로 좋은 성과를 내는 소수의 주식들로 포트폴리오를 구성하는 데 유용하다는 점이 밝혀졌다.(인기주를 찾아내는 데 사용한다면 놀라울 정도로 나쁜 성과를 내는 주식들이 될 테지만 말이다.) 마지막 포트폴리오 사례에서 설명하겠지만, 극단적인 가치주 포트폴리오와 극단적인 인기주 포트폴리오 사이에는 연간 16.4%포인트의 수익률 차이가 있다.

학술 논문에서 흔히 보게 되는 것은(필자도 11장과 12장에서 그랬듯이) 주식들을 10분위수로 나누고, 어떤 통계치가 수익률을 예측하는 데 가장 좋은지 찾아보는 방식이다. 이에 비해 최상과 최하에 해당하는 n개의 주식을 선택해서 어떤 통계치가 그런 포트폴리오들을 선택하는데 효과적인지 알아보는 방식은 거의 보기 힘들다. 이는 학계 연구자들이 자체 포트폴리오를 운용하지 않는 탓으로 풀이된다.

여기서 n개는 1개에서 50개까지의 다소 작은 숫자이다. 그런 포트폴리오는 실제 투자자들이 보통 보유하고 있는 유형이다. 일반적으로 개인투자자는 대형 펀드처럼 200개 이상의 주식을 포트폴리오에 보유하지는 않는다. 만약 그런 사람이 있고 그가 부자라면 차라리 펀드매니저를 개인적으로 고용하는 편이 나을 것이다.

필자는 이전 2개의 장에서 똑같이 했듯이, 포트폴리오의 규모를 10개 주식으로 고정했다. 그리고 나서 필자는 이전 장에서 그랬듯이, PER의 어떤 요인들이 극단적인 가치주와 인기주인지를 가려내는데 가장 유용한지를 검증해 나갔다. 그 결과, 네이키드 PER이 가장 극단적인 주식들을 선택해야 하는 상황에서 정말로 가장 유용한 지표라는 점이 분명해졌다.

섹터와 규모 요인은 거의 별다른 정보를 주지 못했다. 섹터와 규모가 일반적으로 수익률에 큰 영향력을 끼치지만, 가장 높은 수익률을 보인 회사들을 찾아내는 데는 크게 쓸모가 없었다. 이런 주식들이 시장에서 가격이 가장 잘못 매겨지는 탓에 투자자들을 주저하게 만드는 뭔가 특이한 것이 있을 것이라고 추정하는 것이 합리적인 것처럼 보인다.

여기선 극단적인 주식들에 대해서 논의하고 있으므로 극단적인 사례를 하나 살펴보자. 2009년 4월 30일 존스톤 프레스Johnston Press[1]의 주식은 15.5펜스에 거래되고 있었다. 그러나 그 회사의 이전 10년 동안의 평균 주당순이익은 매해 21.1펜스였다. 따라서 10년 PER은 0.7배이다. 당시 시장 전체 PER은 역사적으로 매우 낮았던 6.9배였다. 회사 가치는 9,900만 파운드에 달했고, 그런 정도의 중형 기업은 규모 PER로는 12.5배에 해당된다. 섹터(출판)는 약간 높은 14.4배의 PER을 가지고 있었다.

이 모든 것을 앞 장에서 설명한 등식에 적용하면 네이키드 PER은 1.5배가 나온다. 10년 PER(0.7배)의 2배 정도의 수준이지만 그날 전체 시장에 비해 여전히 가장 매력적인 네이키드 PER이라고 할 수 있다. 존스톤 프레스의 주식은 다음 해 115%나 올랐다.(〈표 13-1〉 참고) 물론 이 경우는 이례적이다. 그러나 꼭 그렇게 이례적이라고 할

---

[1] 200여 개의 지역신문과 웹사이트를 보유한 영국의 지역 미디어그룹으로 1988년 런던증권거래소에 상장되어 거래되고 있다.

수는 없는 게 그날 10개의 가장 매력적인 주식들은 다음 해에 평균 55% 올랐기 때문이다.

얼마나 많은 주식을 보유해야 할까?

다시 한 번 말하지만, 네이키드 PER은 시장 평균 PER과 관련이 없는 부분이고, 회사의 규모나 섹터 PER과도 관련이 없는 부분이다. 이 3가지 요인들은 극단적으로 과대평가되거나, 과소평가된 주식들의 미래 수익률에 대해 별다른 정보를 주지 못하기 때문에 무시한다.

이제 그 문제는 그렇다고 치고, 포트폴리오에 포함되는 주식의 숫자를 다르게 해보자. 다음과 같은 질문에 대한 답을 찾기 위해서다.

"최상의 성과를 얻으려면 보유해야 할 최적의 주식 수는 몇 개인가?"

답은 〈그림 13-1〉과 〈그림 13-2〉에서 볼 수 있다.
주식 수가 더 적을수록, 성과가 더 나은 것으로 나타났다. 5개 주식으로 이뤄진 가치주 포트폴리오는 1년에 30%가 넘는 수익률을 냈다.
이제 1~15개 주식으로 범위를 좁혀서 살펴보자.
만약 당신이 매해 시장에서 가장 낮은 네이키드 PER을 가진 딱 한 종목만 보유할 정도로 강심장이라면 연평균 수익률이 38.6%에 달

〈그림 13-1〉 소수 종목 편입 포트폴리오 수익률(5~50개 편입)

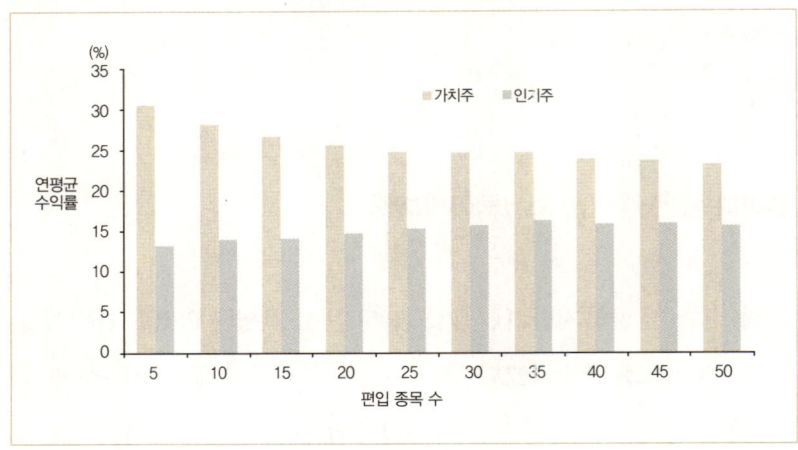

* 기간 : 1975~2009년

〈그림 13-2〉 극소수 종목 편입 포트폴리오 수익률(1~15개 편입)

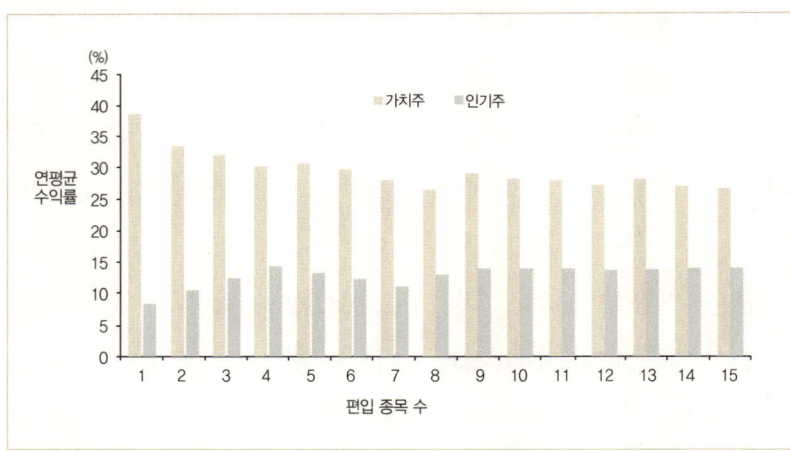

* 기간 : 1975~2009년

했을 것이다. 그러나 포트폴리오에 더 적은 수의 주식을 보유할수록 더 많은 리스크를 갖게 된다. 이처럼 극단적으로는 딱 한 주식을 보유하는 것이 대부분의 연도에서 탁월한 성과를 낸다. 그러나 만약 어떤 한 해에 그 회사가 파산한다면, 당신은 다시는 '게임'을 할 수 없게 된다.

이런 추가적인 리스크를 감안한다면 최상의 포트폴리오는 몇 종목이나 편입해야 할까?

리스크 고려하기

샤프 비율을 사용해서 포트폴리오의 수익률을 리스크와 비교할 수 있다.[2] 이는 펀드매니저들의 성과를 비교하기 위해서 보통 사용하는 방식이다. 고베타 주식들을 편입하고 있는데, 일반적인 시장 상승 덕분에 경쟁자들을 앞서는 것을 두고, 펀드매니저가 정말로 잘했다고 할 수는 없다. 그는 단지 운 좋게도 시장이 상승했을 때 고베타 주식들을 보유하고 있었을 뿐이다. 샤프 비율은 이런 포트폴리오 리스크를 고려해 공정한 순위를 매길 수 있도록 해준다.

---

[2] 샤프 비율은 $S = \frac{R-R_f}{\sigma}$ 이다. 다시 말해 무위험 수익률을 넘어서는 산술평균한 포트폴리오 수익률로 수익률의 표준편차 비율로 언급된다. 샤프 비율은 포트폴리오의 리스크를 측정하는 가장 인기 있는 지표이다. 그럼에도 그것은 CAPM처럼 리스크가 변동성으로 측정될 수 있다는, 문제가 있는 아이디어를 밑바탕에 깔고 있다.

〈그림 13-3〉 소수 종목 편입 포트폴리오의 샤프 비율

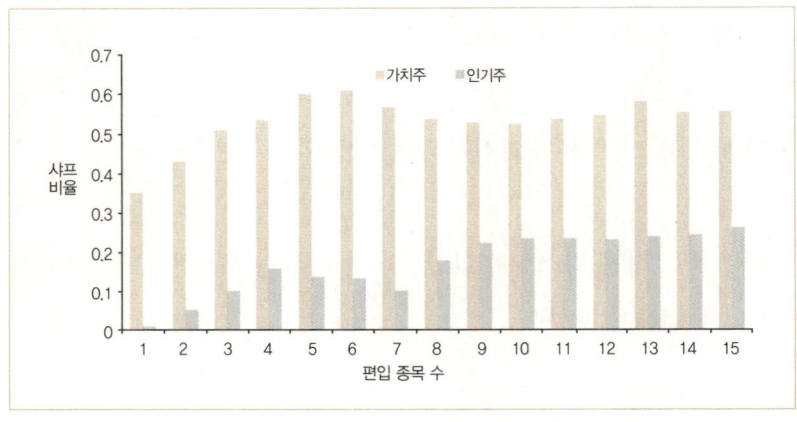

딱 한 종목을 편입한 포트폴리오의 샤프 비율은 훨씬 더 작은데, 이는 38.6%라는 수익률이 극단적인 리스크를 감수하고 얻어낸 것이기 때문이다. 실제로 딱 한 종목만 편입한 포트폴리오는 4개 종목 포트폴리오의 두 배 이상의 이익 변동성을 가지고 있다.

이것을 살펴보는 또다른 방법은 산술평균과 기하평균에 따른 수익률 차이를 살펴보는 것이다. 만약 수익률이 매년 같다면 이 둘은 같게 된다. 그러나 수익률이 더 크게 달라질수록 평균 수익률에 비해 기하평균 수익률이 더 크게 나빠진다. 극단적인 사례이긴 하지만, 만약 한 해의 수익률이 마이너스 100%, 즉 전액 손실이 났다면 그 기간 동안의 기하평균 수익률은 마찬가지로 마이너스 100%가 될 것이다. 즉, 당신은 파산하게 된다.

딱 한 종목 편입 포트폴리오의 사례에서 보듯이, 산술평균에 따른

연간 수익률이 38.6%라고 하더라도 기하평균(35년간 연평균 복리 기준) 수익률은 단지 연간 11.4%에 불과했다. 수익률 관리 측면에서 결국 가장 중요한 것은 기하평균인 복리수익률이다.

경제 급변기의 집중투자

가치주와 인기주들의 수익률 사이에 벌어진 큰 차이를 설명할 수 있게 됐다. 이제 경제적 급변기에 소수의 주식을 편입하는 리스크에 대해 생생하게 설명하고자 한다. 이 사례에선 5개의 가치주를 편입한 포트폴리오와 5개의 인기주를 편입한 포트폴리오를 비교한다.

가치주 포트폴리오는 1,000파운드가 2010년 239만 3,000파운드가 되었다. 이는 연평균 복리수익률 24.9%에 달한다. 2007년에는 한때 778만 2,000파운드까지 불어났는데 이는 1975년부터 2007년까지 32년 동안 연복리수익률 32.3%에 해당한다. 따라서 그때 이후로는 꽤나 많이 떨어진 셈이다.

가치주 포트폴리오가 글로벌 금융위기가 있었던 2008년과 2009년 사이에는 성과가 매우 나빴고, 2009년과 2010년 사이에는 매우 좋았다. 장기 PER과 분해 PER의 10분위 포트폴리오를 살펴볼 때는 수십 개의 주식이 있었던 데 비해, 이번 가치주 포트폴리오에는 매해 각각 5개의 주식만 있으므로 이제 컴퓨터가 선별해낸 개별 회사들과 그 회사들의 성과를 좀더 자세히 살펴보자.

〈그림 13-4〉 네이키드 PER 기준 5개 종목 편입 포트폴리오

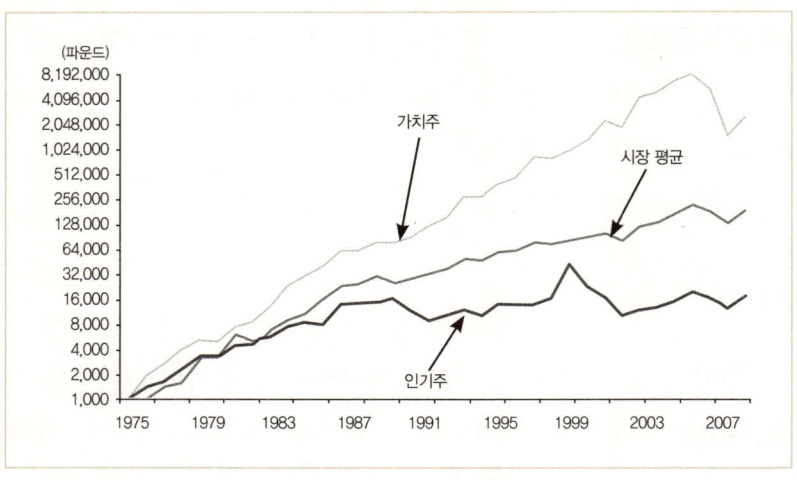

* 네이키드 PER이 가장 낮은 5개의 가치주와 네이키드 PER이 가장 높은 5개의 인기주에 각각 1,000파운드를 투자했을 때의 성과 추이. 매년 재조정, 1975~2009년

2008년부터 2009년 사이 포트폴리오는 모든 주식이 손실을 보면서 가치의 4분의 3 이상이 훼손됐다. 가장 좋은 성과를 낸 바라트조차 48%의 손실을 냈다.

네이키드 PER이 어떤 주식의 가치가 잘못 산정되었는지를 말해줄 수는 있지만, 최적의 매수 시점이 언제인지를 반드시 말해주는 것은 아니라는 점은 분명하다.

실제로 주식시장은 지속적으로 내려가서 결국 2009년 2월에는 바닥을 찍었다. 지금 생각해보면 싸게 살 수 있는 절호의 기회가 몇몇 있었다. 그러려면 서구 금융시스템의 엄청난 붕괴를 무시할 수 있는 용기가 있어야겠지만 말이다.

〈표 13-1〉 5개 종목 가치주 편입 포트폴리오의 1년 수익률

회사명	2008~2009년 수익률
테일러 우드로우	-61%
바라트 디벨롭먼츠	-48%
리젠트 인스	-93%
SMG	-68%
웨건	-92%
평균	-72%

회사명	2009~2010년 수익률
바라트 디벨롭먼츠	+35%
도슨 홀딩스	-57%
트리니티 미러	+167%
SMG	+65%
존스톤 프레스	+115%
평균	+65%

* 네이키드 PER 기준 5개 가치주 편입 포트폴리오의 1년 수익률.

    2008년 5월에는 당연히 이것을 알 수 없다. 만약 펀드매니저로서 그때 그런 주식들을 샀다면 얼마 지나지 않아 직장에서 쫓겨났을 것이다. 네이키드 PER은 강력하지만 분명한 것은 멀쩡한 정신과 소중한 돈을 지키려면 다른 지표들과 함께 연계해서 사용할 필요가 있다는 점이다.

    그럼에도 불구하고 손실의 일부는 다음해에 복구되었다. 도슨 홀딩스Dawson Holdings만 떨어졌을 뿐이고, 2개의 주식은 두 배 이상 수익이 났다. 그러나 72% 손실이 난 후에 65%의 이익이 나는 것으로는

결코 원금을 보전하지 못한다. 고작해야 2년 전 원금의 46%만 남을 뿐이다.(0.28 × 1.65 = 0.46)

　차트에서 인기주 포트폴리오는 1만 7,411달러, 즉 복리수익률로 8.5%로 결산된다. 이것은 35년간 국채를 보유했을 때 얻었을 수익률과 비슷한 것으로 샤프 비율로는 0에 근접한 값을 가지게 된다. 더군다나 12년 후(1987년 10월 19일 블랙먼데이 발생) 엄청난 손실을 기록하는 등 훨씬 더 많은 리스크를 초래했다. 따라서 효율적 시장 이론과는 반대로, 시장은 이런 인기주들로부터 기대하는 수익률을 과대평가한다는 것을 분명하게 알 수 있다.

▶▶ **핵심 포인트** ◀◀

- [x] 네이키드 PER은 이전 장에서 사용했던 개별 PER과 같은 것이다. 네이키드 PER은 PER의 기준이 되는 연도나, 사업을 영위하는 섹터, 회사의 규모와는 별개인 PER의 영역이다.

- [x] 네이키드 PER은 특히 극단적 가치주나 극단적 인기주를 찾아내는데는 물론이고, 놀라울 정도로 좋은 성과를 내는 소수의 주식들로 포트폴리오를 구성하는데 유용하다는 점이 밝혀졌다.

- [x] 네이키드 PER은 시장 평균 PER과 관련이 없는 부분이고, 회사의 규모나 섹터 PER과도 관련이 없는 부분이다. 이런 다른 3가지 요인들은 무시하는데 극단적으로 과대평가되거나, 과소평가된 주식들의 미래 수익률에 대해 별다른 정보를 주지 못하는 까닭이다.

- [x] 네이키드 PER은 강력하지만 멀쩡한 정신과 소중한 돈을 지키려면 다른 지표들과 함께 연계해서 사용할 필요가 있다.

Chapter 14

업그레이드 PER 버전의 효과
– 버전별 수익 예측력 정리

　3부는 PER이 투자운용업계에서는 아닐지라도 최소한 재무학계에서는 크게 진전되지 않았다는 점을 지적하며 시작했다. 파마와 프렌치는 3요인 모델에서 가치 지표로 PER을 선택하지는 않았다. 필자는 그들이 PER을 PBR과 공정하게 검증하지 않았다는 점을 지적했다. 심지어 라코니쇼크, 슐라이퍼 그리고 비시니조차도 PER에 결점이 있다고 말했는데 이는 진정한 가치주라도 어려운 한 해를 겪으면 높은 PER을 가질 수 있고, 이 때문에 인기주 포트폴리오에 나타날 수 있는 탓이다.

　앞서 살펴본 몇몇 연구들은 PER의 효용성을 증대시키기 위한 것들이었다. 그런데 실제로는 거의 제대로 연구가 이뤄지지 않았다. 예를 들어 이익 계산을 조정하는 데는 수많은 방법이 있는 게 분명하다. PER에 어떤 회사의 장기적인 이익 잠재력과 상당한 관련이 있는 항목들만 포함한다든지 하는 식으로 말이다. 토니 강은 영업이익을 포함시키는 것으로 시작했지만 사람들은 그저 쉽게 다른 것을 배제하려고만 했다. 다시 말해 그들은 특정한 종류의 이익을 다른 것보다 더 비중있게 다루었다. 이것은 단지 미래 성과를 예측하는데 최적의 변수를 제공하도록 고안된 것일 뿐이다. 물론 회계사들한테는 무의미할 수 있다. 그런 시스템 중 하나가 16장에서 나오는 조엘 그린블라트의 마법공식에서 다뤄진다.

마지막 3개의 장에서는 필자가 수행한 연구에서 도출한 다양한 방식을 소개했다. 이를 통해 PER은 다시 명성을 회복할 수 있을 것이다. PER 상하위 각각 10%의 주식 간의 수익률 차이가 5.67%포인트였는데 좀 더 장기적 관점에서 지난 10년간 이익의 평균치를 사용하자 차이가 9.45%포인트로 벌어졌다.

과거 이익을 장기적으로 고려하는 것은 한 해 어려운 시기를 겪은 가치주가 인기주들에 잘못 포함될 수 있다는 라코니쇼크 등의 PER에 대한 문제 제기에 해결책이 될 수 있다.

PER의 유용성을 극대화하기 위해 PER을 요인별로 분해해 분석하고 다시 재조합하자 11.34%포인트의 차이를 얻어냈다. 여기서는 섹터 PER이 1년 PER에 포함된 다른 요인들과는 반대로 작용하고 있다는 점이 중요하다. 섹터 PER을 추출한 후 그 효과를 거꾸로 해서 다시 조합했더니 PER의 효과가 커졌다.

그리고 마침내 네이키드 PER과 아주 소규모 포트폴리오를 사용한다면 2007~2009년에 있었던 가치주 포트폴리오의 급락에도 불구하고 아주 놀라운 차이, 즉 가치주와 인기주의 수익률 차이 16.4%포인트를 얻을 수 있다.

마지막 사례는 극단적 가치주들에 네이키드 PER을 적용했을 때의 위력을 보여준다. 1975년의 1,000파운드는 2010년에 240만 파운드, 즉 24.9%의 복리로 불어났다.

인기주 포트폴리오의 경우 1,000파운드는 1만 7,411파운드, 즉 8.5%의 복리로 불어났다. 이런 성과는 훨씬 더 큰 리스크를 안으면서도 국채를 보유했을 때의 수익률과 비슷한 수준에 그쳤다.

이 모든 포트폴리오들은 공개적으로 이용할 수 있는 약간의 정보를 사용해서 구성되었다. 필자가 오로지 개인 컴퓨터를 이용해서 이렇게 했다는 것만으로도 효율적 시장 이론에 꽤나 큰 공격이 될 것 같다. 또한 PER이 여전히 생명력이 있다는 점을 충분히 설명하고도 남을 수 있는 결과라고 할 수 있다.

이제 다음 4부에서는 PER과 함께 사용할 수 있는 수치들을 살펴보자.

제 4 부

PER을 활용한
투자 거장 3인의
종목발굴법

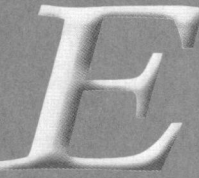

3부에서 저PER 주식들이 평균적으로 해마다 약 3%포인트 차이로 시장을 앞서고, 인기주들은 그만큼 시장을 밑돈다는 것을 보여주는 결과를 살펴봤다. 솔직히 말해서 이것은 매우 한계가 있는 결과라고 할 수 있다.

만약 저PER 주식을 매수해서 가치주 투자 전략을 수행하려고 소형주를 사고팔아서 많은 거래비용을 초래한다면 저PER 주식이 가져다줄 수 있는 여러 가지 이점을 쉽게 상실하게 된다.

또한 많은 주식들로 분산하지 않는다면 보유주식 가운데 한두 개만 잘못돼도 3%포인트 정도의 차익은 금세 없어져버린다. 그러나 많은 주식들로 분산하는 것 역시 거래비용은 물론이고, 투자자의 시간을 잡아먹는 비용이 발생하게 된다.

3부는 좀 더 강력한 PER을 가능하게 하는 몇 개의 진전된 아이디어를 소개하는 등 PER을 업그레이드시켰다. 그러나 13장에서 살펴봤듯이 다른 요인들을 고려하지 않고 단지 하나의 지표만 사용하는 것은 현명한 처사가 아니다.

4부에서는 그런 것들을 다룬다. 재무분석과 종목발굴은 단지 하나의 지표를 사용하는 정도를 훨씬 뛰어넘는 작업이다. 이 책과 같은 두께의 책에서 재무분석이라는 복잡한 주제와 무수히 많은 종목발굴법을 상세히 설명하기를 기대하지는 않을 것이다. 그 대신, 이 책에서는 PER이 종목발굴법의 아주 중요한 부분이라는 점을 보여주는 투자 대가 3명의 연구를 살펴본다.

벤저민 그레이엄은 소개가 별로 필요 없는 인물이다. '가치투자의 아버지'로 불리는 그레이엄은 '안전마진' 개념을 빛나게 해줄 몇 개의 종목발굴법을 개발했다. 모두 PER을 핵심 요소로 하고 있다.

미국의 성공한 헤지펀드매니저인 조엘 그린블라트는 비교적 최근에 간결하지만 매우 인기를 끈 『주식시장을 이기는 작은 책Little book that beats the market』이라는 책을 썼다. 그의 종목발굴법은 훨씬 더 단순한데, 그 역시 그레이엄처럼 파산할 염려가 없는 가치주들을 찾아내길 원했다. 그의 가치 지표는 이익수익률(PER의 역수)이었고, 이를 바탕으로 아주 독특한 방식의 종목발굴법을 개발했다.

최종적으로 조셉 피오트로스키의 연구를 자세히 살펴볼 것이다. 그는 앞의 두 사람만큼 잘 알려지지 않았고, 직업적 펀드매니저가 아니라 스탠포드대학교의 회계학 교수이다. 그는 2000년도 논문에서 어떤 회사가 재무적으로 얼마나 안정적인지를 간략하게 알아보는 방식을 소개했다.

그는 주가순자산비율(PBR)이 낮은 주식들을 사용해서 재무적으로 아주 안전한 회사들은 아주 불안한 회사들을 매우 큰 수익률 차이로 앞선다는 사실을 보여줬다. 그 차이가 매우 커서 그의 연구는 3부에서 소개한 PER의 새로운 '조미료'가 그랬던 것보다 훨씬 더 시장의 효율성에 심각한 의문을 제기했다. 회사의 재무 안전성을 어떤 회사의 주가 요소로 포함시키는 것은 애널리스트에게는 결코 올바르지 않은 일처럼 보였다. 심지어 아주 작은 회사에서조차도 말이다.

미국 밖에서는 아무도 이를 검증하려고 하지 않았던 탓에 필자는 이 책에서 특별히 피오트로스키의 연구를 재검증해봤다. PTBV와 PER을 둘 다 사용했는데 결과는 놀라웠다.

Chapter 15

벤저민 그레이엄의 투자공식
― PER과 안전마진

벤저민 그레이엄은 비록 반대 견해가 있지만, 시장은 효율적이라고 믿는 편이었다. 그러나 그는 때때로 가격이 잘못 매겨지는 주식이 많을 때가 있다고 생각했다.

"내가 독자들에게 장담하건대, 현재 뉴욕증권거래소(NYSE)에서 이익의 7배 아래에서 팔리고 있는 500여 개 주식 중에는 어떠한 의미에서든 '정확'하지 않은 가격을 가진 것들이 넘쳐난다. 그 주식들은 현재 거래되는 가격 이상의 가치가 분명히 있다. 그래서 밥값하는 증권분석가라면 이 '유니버스'에서 매력적인 포트폴리오를 구성할 수 있어야 한다."

그레이엄은 『현명한 투자자』에서 가치투자자가 보유하기를 원하는 주식의 분류에 관련된 아주 긴 일련의 기준을 제시했다. 그는 안전마진이 무엇보다 중요한 보수적인 투자자들을 위한 종목선별 기준은 물론, 추가 수익을 위해서라면 추가적인 리스크를 감수할 의향이 있는 기업가형 투자자를 위한 종목선별 기준 등 다양한 기준을 가지고 있었다.

그러나 컴퓨터가 계산을 하는 사람 정도로 여겨지던 그 당시에는 그 모든 작업을 손수 해야만 했다. 주문을 처리할 컴퓨터가 있는 방을 가진 직업적 펀드매니저들을 제외한다면 그럴 만한 시간적 여유가 있는 사람도 없었다.

컴퓨터 혁명은 효율적 시장 이론과 CAPM의 길을 터준 것과 마찬가지로 지식과 데이터 접근권이 있는 사람이라면 누구에게나 특정한 조건을 충족하는 기업들을 선별해낼 수 있도록 해줬다. 이런 신기술을 기꺼이 받아들인 최초의 인물 중 한 명이 바로 그레이엄이었다.

종목선별 기준에 관한 그레이엄의 규칙은 계속해서 변화했다. 최종 버전은 그가 세상을 떠난 직후인 1977년 출간된 〈포브스〉 잡지에 소개됐다. 그는 어떠한 투자자라도 수익성 있고, 재무적으로 건전한 회사의 주식을 싸게 살 수 있다면 위험과 보상의 균형추를 자신에게 유리하게 움직일 수 있다고 늘 강조했다.

그는 그런 회사들의 특징을 보여주는 10가지 요소를 밝혔다. 선별기준은 생각보다 훨씬 더 단순하다. 그러니 잠깐 관심을 가져보자.

■ **벤저민 그레이엄의 최종 공식** ■

1. 이익수익률은 AAA 채권수익률의 두 배 이상이어야 한다.
2. PER은 과거 5년 동안 PER이 가장 높았던 주식들의 40%보다 낮아야 한다.
3. 배당수익률은 AAA 회사채 수익률의 3분의 2보다 더 커야 한다.
4. 주식가격은 유형자산 장부가치의 3분의 2보다 낮아야 한다.
5. 주식가격은 순유동자산 가치의 3분의 2보다 낮아야 한다.
6. 총 부채는 장부가치보다 낮아야 한다.
7. 유동자산은 유동부채의 2배보다 커야 한다.
8. 부채는 순유동자산의 2배보다 작아야 한다.
9. 과거 10년의 이익 성장률은 최소한 복리 기준 7%보다 커야 한다.
10. 과거 10년 동안 5% 이상의 이익 감소가 두 번 이하여야 한다.

첫 번째 5가지 기준은 가치를 측정한다. 이런 기준에 부합하는 회사들은 투자자에게 높은 수익을 가져다줄 가능성이 매우 높다. 다음 5가지 기준은 리스크를 측정한다. 이런 기준을 통과한 회사들은 투자자들을 불안하게 하지도 않고, 기대했던 수익률을 달성하지 못해 실망시키지도 않을 가능성이 높다. 이 기준들은 그레이엄 저서의 핵심 개념인 '안전마진'을 제공한다.

그럼에도 이 공식은 엑셀 프로그램으로 만들어질 수 있는 엄격한 취사선택식 주식 선별 기준이라기보다는 '유망주' 리스트의 기준 같은 것이다. 10가지 기준 모두를 충족하는 회사는 거의 없기 때문이다.

그레이엄은 첫 번째 5가지 중에서 하나를 충족하고, 나머지 5가지

중에서 또 하나를 충족하는 식으로 단 2가지 기준만 충족시키는 포트폴리오도 10가지 모두를 만족시키는 포트폴리오 못지않은 성과를 낸다는 것을 밝혀냈다. 가장 중요한 기준은 맨 첫 번째, 상대적으로 높은 이익수익률(즉 저PER) 그리고 6번째, 상대적으로 낮은 부채 수준이다.

그레이엄이 이익수익률을 사용한 까닭은 최고 등급 회사채의 수익률과 비교하는데 사용하려고 했기 때문이다. PER 대신 이익수익률을 사용하면 그 둘을 직접 비교하는 게 가능해진다. 어떤 회사의 채권, 즉 회사채는 항상 그 회사의 주식보다는 위험이 작다. 어떤 회사가 어려움에 처하면 채권보유자들이 맨 먼저 돈을 내놓으라고 회사에 요구할 수 있는 우선순위가 있기 때문이다. 그 다음이 주식보유자들이다. 그래서 투자자들은 주식을 통해 얻을 수 있는 수익이 매우 좋지 않다면 주식보다는 채권을 선호하게 마련이다.

이것이 바로 그레이엄이 두 배의 수익률, 즉 AAA 회사채 수익률의 두 배에 해당하는 이익수익률을 추구한 이유인데, 안전마진을 응용한 또 하나의 사례이다.

회사의 수익성이 나빠졌을 때 완전히 망가질 가능성이 가장 높은 경우는 부채비율이 높은 회사들이다. 만약 어떤 회사가 완전히 망가진다면 재기의 기회, 다시 말해 투자자가 기대했던 수익을 얻을 수 있는 기회 자체가 없어지는 것이다. 이 때문에 그레이엄은 빚을 꼭지 끝까지 끌어다 쓴 회사들은 어떻게든 피하려고 했다.

어쨌든 이 두 가지 기준을 함께 사용하는 것만으로도 아주 만족스러운 결과가 나왔다. 1974년부터 1981년까지 시장은 연평균 14%의 수익률을 기록했다. 그러나 AAA 채권수익률의 두 배에 해당하는 이익수익률을 보이면서, 부채총액이 장부가치보다 적은 주식들로 포트폴리오를 구성했을 때에는 연간 38%의 수익률을 기록할 수 있었다.

얼핏 보면 그레이엄의 기준이 더 복잡해 보이지만, 실제로는 그레이엄이 제안한 것은 그린블라트와 피오트로스키가 한 세대 후에 하고 있는 방식과 똑같다. 더 정확히 말하자면 후대의 두 사람이 그레이엄이 이미 했던 것과 똑같이 하고 있다.

즉, 헐값에 거래되고 있는 회사를 찾아낸 후 그 회사가 갑자기 나빠질 위험을 최소화시키는 것이다. 가치와 안전마진을 함께 고려하는 것이다.

주식투자자에게 투기가 아닌, 사업하듯이 투자해야 한다는 점을 시사한 셈인데 이 역시 그레이엄이 좋아한 주제 가운데 하나이다.

▶▶ **핵심 포인트** ◀◀

- ☑ 벤저민 그레이엄은 어떠한 투자자라도 수익성 있고, 재무적으로 건전한 회사의 주식을 싸게 살 수 있다면 위험과 보상의 균형추를 자신에게 유리하게 움직일 수 있다고 늘 강조했다.

- ☑ 이런 기준을 통과한 회사들은 투자자들을 불안하게 하지도 않고, 기대했던 수익률을 달성하지 못해 실망시키지도 않을 가능성이 높다. 이 기준들은 그레이엄 저서의 핵심 개념인 '안전마진'을 제공한다.

- ☑ 가장 중요한 기준은 상대적으로 높은 이익수익률(즉 저PER) 그리고 상대적으로 낮은 부채 수준이다.

- ☑ 그레이엄의 기준이 더 복잡해 보이지만, 실제로는 그레이엄이 제안한 것은 그린블라트와 피오트로스키가 한 세대 후에 하고 있는 방식과 똑같다. 즉, 헐값에 거래되고 있는 회사를 찾아낸 후 그 회사가 갑자기 나빠질 위험을 최소화시키는 것이다. 가치와 안전마진을 함께 고려하는 셈이다.

Chapter 16

조엘 그린블라트의 마법공식
– 이익수익률과 자본수익률의 조합

조엘 그린블라트는 자산 운용업계에서 일하고 있다. 그는 1985년 고담 캐피털Gotham Capital이라는 투자조합을 설립하면서부터 벤저민 그레이엄의 뒤를 밟기 시작했다. 고담 캐피털은 가치주와 특수상황(합병, 스핀오프, 파산 등)에 투자한다. 그린블라트 역시 그레이엄이 재직했던 콜롬비아대학교의 경영대학원에서 외래교수로 활동하고 있다.[1] 그는 1985년부터 2005년까지 고담 캐피털에서 매해 40%의 수익률을 달성하는 등 매우 큰 성공을 거뒀다.

저서인 『주식시장을 이기는 작은 책』은 그의 가치투자 전략을 체

---

1) 영국의 객원교수(visiting professor) 제도와 유사하다.

계적으로 소개한 책으로, 베스트셀러가 되었다. 부록까지 포함해서 136페이지에 불과할 정도로 얇은 책인데, 단지 2가지 요소에 근거해 만든 매매 공식을 강력 추천하고 있다. 매매 공식 중 첫 번째는 이익수익률(PER의 역수)이고, 두 번째는 자본수익률(ROC)이다. 이 2가지를 조합한 것을 그린블라트는 '마법공식'이라고 불렀다.

그린블라트는 자식들에게 투자하는 법을 가르칠 목적으로 우화 형태의 책을 집필했다. 그는 제이슨이라는 가상의 10대 소년 사업가를 등장시킨다.

이 소년 사업가는 매일 아침 25센트를 주고 낱개로 5개가 들어 있는 풍선껌 꾸러미를 산다. 그런 후 학교에 가서 친구들한테 풍선껌 낱개 하나당 꾸러미 전체 금액과 같은 25센트를 받고 판다. 제이슨은 나중에 풍선껌 가게를 열게 된다. 문을 열 때 40만 달러가 들었지만, 해마다 20만 달러의 이익을 남기는 가게이다. 이때 자본수익률(ROC)은 50%이다. 공식은 이렇다.

$$\frac{\text{이익}}{\text{투하 자본}} = \frac{200{,}000}{400{,}000} \times 100\% = 50\%$$

그린블라트는 제이슨 회사의 가치를 측정하는 데 자본수익률이 중요한 요소라고 말한다. 그의 사업체가 매해 벌어들인 돈을 새로운 풍선껌 가게들에 투자할 수도 있고, 주식보유자의 돈을 불려줄 수도 있다는 것을 의미하기 때문이다.

자본수익률이 낮은 회사는 투자에 쓸 수 있는 돈이 부족하고, 따라서 미래에 그 회사의 투자자에게 더 적은 수익을 돌려줄 수밖에 없게 된다.

물론 어떤 한 해에 높은 자본수익률을 기록했다는 것이 다음 해에도 높은 수익률을 보장하는 것은 아니다. 그럼에도 불구하고 평균적으로 봤을 때, 그린블라트의 선택은 수익을 좋은 조건에 재투자할 수 있는 기회를 가질 가능성이 높다고 할 수 있다.

그린블라트는 이익수익률을 계산하는 데 독특한 방식을 사용한다.

$$\frac{EBIT}{EV(기업가치)} \quad 즉, \quad \frac{이자, 세금 전 이익}{시장가치 + 순부채}$$

이것은 E/P, 즉 PER의 역수와 같다. 그러나 주당 단위가 아니라 회사 단위로 보여주는 것이다.

분자의 이익에는 이자와 세금 지불을 배제하는데, 이는 회사들마다 크게 다를 수 있기 때문이다. 분모의 기업가치(EV)는 순부채를 포함하는데, 이는 누군가 그 회사를 인수하길 원한다면 지불해야 하는 총비용이기 때문이다. 전체적으로 이 비율은 다양한 부채 척도와 세율의 효과를 배제하도록 고안되었는데, 이는 그렇게 하지 않으면 PER을 바탕으로 하는 회사 간의 비교를 심각하게 왜곡시킬 수 있기 때문이다.

그린블라트가 택한 또 하나의 독특한 방식은 양호한 자본수익률과 높은 이익수익률이라는 2가지 기준을 충족시키는 회사들을 골라내는 노하우와 관련되어 있다.

그는 자본수익률을 기준으로 3,500개 미국 대기업의 순위를 1등부터 3,500등까지 매겼다. 똑같은 방식으로 이익수익률을 기준으로 하는 순위도 매겼다. 그리고 나서 그는 회사별로 각각 이익수익률과 자본수익률에 따른 2개의 순위를 더했다.

이렇게 해서 도출된 가장 좋은 조합을 가진 회사들로 포트폴리오를 구성했다. 그렇다보니, 예를 들어 자본수익률이 아주 예외적으로 높은 회사라고 하더라도 썩 좋지 않은 이익수익률을 가지고 있다면 포트폴리오에서 탈락할 수도 있다.

그는 이렇게 골라낸 회사들이 평균적인 가격 아래에서 거래되는 평균 이상의 회사들이라는 결론을 내렸다. 이에 따르면 1998년부터 2004년까지 최상위권 30개 기업으로 구성된 포트폴리오의 연평균 수익률을 검증한 결과, 거의 31%에 달했다. 이에 비해 3,500개 전체 기업은 평균적으로 12.3%의 수익률을 기록했다.

비록 마법공식이 어떤 단일한 한 해를 기준으로 했을 때에는 간혹 손실을 내기도 했지만, 매 3년 주기로는 시장을 앞섰고, 결과적으로 투자자에게 돈을 벌어줬다.

그의 '작은 책'은 책 두께에 비해 많은 의미를 가지고 있다. 검증을 통한 투자 성공 사례가 보고되었을 뿐만 아니라 그 책의 우화 같은 스타일과 간결성은 많은 독자들의 사랑을 받고 있다.

만약 지금보다 훨씬 더 많은 사람들이 그 책을 읽고 그 책대로 따라한다면, 시장은 좀 더 효율적이 될 것이다. 비슷한 논리로, 투자자들이 어떤 주식의 가격이 잘못 매겨지자마자 그 주식들을 산다면 그로부터 얻을 수 있는 수익은 떨어질 수밖에 없을 것이다.

그러나 그린블라트는 이런 일이 일어날 것이라고는 생각하지 않는다. 현재 시장을 주도하고 있는 직업적인 투자자들은 그린블라트가 검증을 통해 밝혀낸 것처럼, 경우에 따라서는 수년이 될 수도 있는 기간 동안 부진한 성과를 내고서는 그 자리에서 버틸 수가 없다.

워런 버핏이 말했듯이, 가치투자의 비밀은 60여 년 전에 공개되었지만(1949년 『현명한 투자자』가 출간되었으므로) 비정상적일 정도로 가격이 잘못 매겨지는 가치주가 여전히 부족하지는 않다.

▶▶ **핵심 포인트** ◀◀

- ☑ 조엘 그린블라트의 매매 공식 중 첫 번째는 이익수익률(PER의 역수)이다. 두 번째는 자본수익률(ROC)이다. 이 2가지를 조합한 것을 그린블라트는 '마법공식'이라고 불렀다.
- ☑ 그는 이렇게 골라낸 회사들이 평균적인 가격 아래에서 거래되는 평균 이상의 회사들이라는 결론을 내렸다.
- ☑ 비록 마법공식이 어떤 단일한 한 해를 기준으로 했을 때에는 간혹 손실을 내기도 했지만, 매 3년 주기로는 시장을 앞섰고, 결과적으로 투자자에게 돈을 벌어줬다.

Chapter 17

조셉 피오트로스키의 F 스코어
– F스코어와 업그레이드 PER 합성 전략

조셉 피오트로스키는 2000년 당시 시카고대학교의 회계학과 부교수로 재직하고 있었다. 그는 가치주의 시장을 웃도는 성과, 특히 낮은 PTBV(주가유형자산비율)에 거래되고 있는 회사들의 성과는 좀 더 빈약한 성과를 내는 다수를 훨씬 압도하는 성과를 내는 소수의 싼 회사들에 달려 있다는 사실을 알아챘다.

그가 밝혀낸 바에 따르면, 2년이 지난 후 저PTBV를 가진 회사 그룹이 전체적으로 시장을 앞섰지만, 그중 단지 44%의 종목만 시장 평균을 앞선 것으로 나타났다. 직업적 애널리스트들이 가장 싼 주식들을 거의 추천하지 않는 이유가 이런 난처한 현실 때문일 수도 있다. 즉, 2년 주기에 걸쳐 시장을 이기는 개별 가치주를 접할 확률이 반반

이 되지 않는다.

저PER처럼 저PTBV는 그 주식이 인기가 없고, 투자자들이 그 주식을 팔고 있다는 것을 보여주는 하나의 지표이다. 그러나 PTBV는 매우 보수적인 가치평가 도구인데 이는 PTBV가, 그 회사가 증가시킬 수 있는 미래의 모든 가치(다시 말해 회사가 벌어들일 이익)를 할인하기 때문이다. 일반적인 PER과 달리 PTBV는 손실이 나는 회사도 가치평가하는 데 사용할 수 있다.

주식이 인기가 없는 이유 중의 하나는 수익이 나빠지고 문제가 있을 것이라고 투자자들이 생각하기 때문이다. 아마도 이는 그 회사가 어려운 시기를 무사히 견뎌낼 수 있는 재무 능력이 부족하다고 생각하기 때문인 것 같다. 파마와 프렌치는 그런 회사들과 연관된 위험이 바로 그 회사들의 초과 성과를 설명해준다고 생각했다.

투자자들의 두려움이 과장되는 바람에 저PTBV를 가진 주식의 가격이 그 회사의 실제 가치 아래로 떨어진다는 설명도 그럴듯하다. 여하튼 그 회사가 회복되기 시작해 개선된 실적을 내놓으면 주가는 급격히 반등한다.

피오트로스키는 일시적으로 어려움에 처해 있거나 급격한 회복세로 돌아설 가능성이 높은 기업들로부터, 완전히 실패하거나 오랜 기간 기대 이하의 수익을 낼 가능성이 매우 높은 기업을 가려내려고 했다. 그 과정에서 그는 저PTBV의 초과 성과를 더 끌어올리고, 초과 성과를 내는 이런 기업을 더 많이 발굴해내길 원했다.

이를 위해 그는 회사의 재무제표에 있는 정보를 활용했다. 손익

계산서, 재무상태표, 현금흐름표로부터 재무적으로 강력한 회사들을 찾아내는 것이다. 그는 어떤 회사가 수익력이 좋은지, 그 수익으로 회사 운영과 투자에 필요한 돈을 충당할 수 있는지, 그리고 자산을 활용해 좀 더 효율적으로 매출로 만들어낼 수 있는지를 판별하는 9가지의 신호를 만들었다.

재무, 특히 현금 관리는 어떤 회사든 생명줄이다. 피오트로스키가 선택한 지표들은 '스타트렉' 시리즈[1]에 나오는 병실 안의 침대 위에 놓인 생체 기능 모니터와 유사하다. 거기에는 환자의 건강상태에 따라 위아래로 오르내리는 6가지 바이탈 사인(활력 증후 vital sign)이 있다.

피오트로스키는 회사의 '바이탈 사인'을 간단히 알 수 있는 법을 찾고 있었다. 그는 재무적인 측면에서 가장 강력한 회사들과 가장 약한 회사들의 수익률에 아주 큰 차이가 있다는 것을 알아냈다. 이 점은 특히 애널리스트들이 담당하지 않는 아주 작은 규모의 회사들에서 두드러졌다.

F스코어는 어떻게 계산하는가?

이제 구체적으로 피오트로스키의 기준을 소개한다. 병실에서 보

---

[1] 미국의 대표적인 TV SF 드라마 시리즈로, 23세기를 배경으로 커크 선장이 이끄는 우주 연합함선 엔터프라이즈와 그 승무원들의 모험을 다루었다. 1966년 첫 방송을 시작했다.

다는 더 단순해보이는데, 이는 각각 0 또는 1 의 값을 가지는 까닭이다. 다시 말해 기준을 통과하거나 통과하지 못하거나 둘 중 하나이다. 총점은 0에서 9점까지 분포한다. 9개 항목의 값을 합친 숫자가 얼마 지나지 않아 F스코어financial stability score(재무 안정성 점수)로 알려지게 되었다. 물론 피오트로스키는 그의 원래 논문에서는 그렇게 부르지 않았다. (만약 회계용어를 어떻게든 피하고 싶다면, 이쯤에서 다음 장으로 넘어가도 된다. 거기서 헤인즈의 사례를 통해 F스코어를 모두 설명한다.)

F스코어의 요소는 논리적으로 봤을 때 다음 3가지 분야로 크게 구분할 수 있다.

A. 수익성profitability
B. 재무건전성funding
C. 효율성efficiency

이제 3가지 분야를 차례대로 좀 더 자세히 살펴보자.

A. 수익성

수익성 척도는 회사가 돈을 벌고 있다는 증거를 제시하는데, 투자자들이 미래에 수익을 내려면 반드시 전제되어야 할 선행 조건이다.

1. 자산수익률 : 양수면 1점, 음수면 0점

2. 자산수익률의 변화 : 지난해 대비 더 높으면 1점, 아니면 0점
3. 영업활동을 통한 현금흐름 : 양수면 1점, 음수면 0점
4. 이익의 질 : 현금흐름이 순이익보다 크면 1점, 아니면 0점

이익이 발생액(회계적 결정)에 연계되는 회사들은 그렇지 않은 회사들보다 전형적으로 더 낮은 수익성을 보인다. 어려움을 겪고 있는 일부 가치주 회사들은 손실 발표를 피하고 싶어 이익을 조작하려는 유혹에 빠질 수 있다. 4번 항목은 이에 대해 벌칙을 적용한 것이다.

B. 재무건전성

재무건전성 척도는 어떤 회사가 더 이상 차입을 할 필요가 없거나, 또는 주주들로부터 자금을 끌어올 필요 없이 영업활동을 지속할 수 있다는 것을 보여준다. 경영상 곤경에 처해 저PTBV를 갖게 된 회사들은 은행이 더 이상 돈을 빌려주길 꺼려하거나, 주주가 투자하길 원하지 않는다.

5. 기어링gearing의 변화(레버리지) : 지난해보다 기어링(장기부채비율)이 낮아지면 1점, 아니면 0점
6. 유동성의 변화 : 올해와 지난해 유동비율을 비교해서 더 높아졌으면 1점, 아니면 0점
   (유동비율은 유동자산을 유동부채로 나눈 값)
7. 발행주식 수의 변화 : 올해 추가로 발행한 주식이 없으면 1점,

있으면 0점

기어링의 변화는 회사가 '장기적' 관점에서 자금조달 상황이 향상되었는지를 점검한다.

유동성은 '단기적' 관점에서 자금조달 상황을 확인한다.

어떤 회사가 한 해 동안 아주 많은 주식을 발행했다면 투자자로부터 자금을 조달하기 위해서 그렇게 했을 것이다.

피오트로스키의 다른 많은 신호처럼 주식 발행이 성장하는 회사에는 꼭 문제가 되는 것은 아니다. 그러나 경영상 어려움을 겪고 있는 회사의 경우에는 허약함을 보여주는 신호가 되는데, 이는 그 회사가 사업에 필요한 만큼 충분한 이익을 벌고 있지 못하다는 사실을 보여주기 때문이다.

또한 주식 발행(유상증자)이 절망적인 신호가 될 수도 있는데 그 회사가 주가가 떨어진 시기에 주식을 팔고 있기 때문이다. 주식을 파는데 주가가 하락한 때는 분명히 좋은 시기가 아니다.

그러나 경영진에게 스톡옵션을 부여하기 위한 경우처럼 발행주식 수가 비교적 소폭 증가하는 것은 괜찮다. 재무적인 허약성을 반영하는 것은 아니기 때문이다. 2000년 논문에서 피오트로스키는 이 점을 감안하지는 않았지만, 필자는 재검증을 통해 한 회사가 매해 최대 10%의 주식을 새로 발행하는 것까지는 허용할 수 있고, 7번 항목에 그대로 1점을 준다.

C. 효율성

마지막 2가지 신호는 매출총이익률gross margin과 자산회전율인데, 사업의 효율성 측면에서의 변화를 측정한다.

8. 매출총이익률의 변화 : 올해의 매출총이익률이 지난해보다 더 높으면 1점, 아니면 0점
9. 자산회전율의 변화 : 올해의 자산회전율(매출액/연초의 총자산)이 지난해보다 더 높으면 1점, 아니면 0점.

매출총이익률은 매출액에서 비용을 제하고 남은 이익이 얼마나 되는지를 측정한다. 자산회전율은 매출액과 그 매출액을 올리기 위해서 회사가 사용한 자산과 관련되어 있다. 만약 자산회전율이 증가한다면 회사가 자산을 더 효율적으로 활용하고 있다는 것을 의미한다.

결론적으로 회사가 이런 신호들을 더 많이 만들어낼수록 그 회사는 더 강해진다. 완벽한 점수는 9개 항목에서 모두 점수를 얻은 9점이다. 그러나 앞으로 살펴보겠지만 9점이나 0점은 매우 드물다.

피오트로스키는 최고의 신호들을 선택하라든가, 각각의 신호는 똑같은 비중으로 다뤄야 한다든가 하는 복잡한 제안을 하지는 않았다. 그는 단순히 논리적인 조합을 선택했고, 각각에 가장 단순한 가중치를 부여했다.(좋다 혹은 나쁘다.) 투자법을 개선하고 싶어하는 투자자에게 새로운 길을 열어준 셈이다. 피오트로스키가 제안한 F스

코어는 고차원의 수학을 몰라도 이해하기 쉽다는 장점이 있다.

[사례] 헤인즈의 F스코어 구하기

2009년 5월 1일 기준 헤인즈의 F스코어를 살펴보면 지금까지 살펴본 모든 회계용어가 훨씬 분명해질 것이다.

(1) 자산수익률(ROA)

$$ROA = \frac{순이익}{총자산} = \frac{4,810,000}{52,127,000} = 9.23\%$$

양수이므로 1점을 준다.

(2) 자산수익률의 변화

2008년 ROA는 11.13%였으나 2009년에는 9.23%로 떨어졌다. 더 낮아졌으므로 0점.

(3) 영업활동을 통한 현금흐름

(+) 719만 2,000파운드이므로 1점.

(4) 이익의 질

719만 2,000파운드 〉 481만 파운드이므로 1점.

(5) 기어링의 변화(레버리지)
헤인즈는 두 해 모두 장기부채가 없다. 기어링이 낮아진 건 아니므로 0점.

(6) 유동성의 변화
2008년 유동비율은 3.29이고, 2009년엔 4.39이므로 1점.

(7) 발행주식 수의 변화
 2008년과 2009년 모두 발행주식 수는 1,635만 2,000주이다. 발행주식 수가 지난해와 같으므로 1점.

(8) 매출총이익률의 변화
2008년 매출총이익률

$$\frac{매출총이익}{매출액} = \frac{19{,}072{,}000}{31{,}122{,}000} = 61.28\%$$

2009년 매출총이익률

$$\frac{매출총이익}{매출액} = \frac{21{,}957{,}000}{35{,}335{,}000} = 62.14\%$$

올해 매출총이익률이 지난해보다 더 높으므로 1점.

(9) 자산회전율의 변화

2008년 자산회전율

$$\frac{매출액}{총자산} = \frac{31,122,000}{45,281,000} = 68.73\%$$

2009년 자산회전율

$$\frac{매출액}{총자산} = \frac{35,355,000}{52,127,000} = 67.79\%$$

자산회전율이 지난해보다 낮아졌으므로 0점

결국, 헤인즈의 2009년 F스코어는 9개 조건 중에서 6개에서 점수를 얻었다. 즉 9점 만점 중 6점을 받았다. 이는 훌륭하지는 않지만 양호한 편이다.

F스코어는 미래의 수익을 얼마나 잘 예측할 수 있을까?

피오트로스키는 PTBV가 낮은 순으로 전체 기업 중에서 5분의 1을 골라내 미래 성과를 얼마나 잘 예측하는지 확인하기 위해 F스코어를 검증했다.

F스코어가 8점이나 9점인 회사들의 경우 평균에 비해 연간 7.5% 포인트 차이로 더 나은 성과를 보였다. F스코어가 낮은 기업들 가운데 단지 32%만 시장을 앞섰지만 F스코어가 높은 기업들 가운데 50%는 1년이나 2년 주기로 지속적으로 시장을 이겼다. F스코어가 0점이나 1점인 기업들은 F스코어가 높은 기업들에 비해 상장 폐지되어서 투자자를 완전히 망하게 할 가능성이 5배나 높았다.

회사 규모가 작을수록 최상의 성과를 냈다. 그런 회사들 가운데 F스코어가 높은 경우 F스코어가 낮은 경우보다 평균적으로 연간 27% 포인트 더 높은 수익률을 냈다.

F스코어가 가치와 관련된 지표가 아니라, 재무 안전성과 관련된 지표임에도 불구하고, 주식의 성과 예측 지표로써 F스코어는 PTBV나 PER, 그리고 또다른 가치 지표들에 비해 훨씬 더 효과적이었다.

F스코어는 중간 규모의 회사들에도 효과적이었다. 그러나 대규모 회사들의 경우에는 효과가 크지 않았다.

F스코어의 예측력을 강화시키는 또 다른 요인들에는 주식 거래량이 적고 담당 애널리스트가 없는 경우가 포함된다.

피오트로스키는 F스코어가 가치주에 가장 잘 들어맞는다고 생각했다. 투자자들이 가치주를 건성으로 보는 경향이 있기 때문이다. 특히 펀드매니저를 위해 전망치와 추천주 보고서를 만드는 직업적 애널리스트들이 그렇다. 가치주 회사들은 때때로 이런저런 재무적 난관이나 이익 감소, 자금조달의 어려움을 겪는 탓에 회사의 재무제표에 포함된 정보는 성장하는 회사에 비해 좀 더 위태로울 가능성이 있다.

특히 F스코어는 거래량이 많지 않고, 담당하는 애널리스트도 없는 중소형 가치주에 효과적이다. 피오트로스키가 검증한 회사들 중 단지 3분의 1만 담당 애널리스트가 있었을 뿐이고, 담당 애널리스트가 있다손 치더라도 2명 남짓 수준에 불과했다.

인기가 없는 주식들은 소외되는 탓에 시장은 F스코어가 낮은 회사가 잘못 되거나 실망스러운 이익을 발표했을 때 경악하고, F스코어가 높은 기업이 양호한 실적을 발표했을 때에는 환호했다.

데이비드 드레먼의 논문과 2012년 저서에 나타난 그의 관심사 가운데 하나는 시장이 얼마나 자주 놀라느냐와, 그렇게 자주 놀란다는 사실을 얼마나 잘 못 깨닫는지에 관한 것이었다.

효율적 시장 이론의 신봉자들은 규모가 작은데다, 거래가 드물고 관련 정보가 거의 없는 회사들이 더 위험한 투자 대상이라고 말할지 모른다. 이에 대해 피오트로스키는 F스코어가 가장 높은 회사들의 재무 및 영업 위험이 가장 낮다는 점을 감안하면 그들의 주장은 현실감이 떨어진다고 말한다.

필자가 7장에서 주장했듯이, 파마와 프렌치가 위험 지표로서 저PBR을 찾아낸 것은 사후정당화에 더 가까운 것처럼 보인다.

F스코어가 높은 기업들이 더 위험하다고 말하는 것은 더더욱 상식적이지도 않다. 이를 반박이라도 하듯, 피오트로스키는 재무적 안전성을 보여주는 9가지 지표를 만들어냈고, 결과적으로 F스코어가

높은 기업들은 상장폐지될 가능성이 5배나 낮은 것으로 나타났다.

F스코어와 PTBV

피오트로스키의 F스코어가 영국에서도 효과적일지에 관한 연구나 검증이 이뤄진 적이 없다. 이 때문에 필자는 이 책에서 검증을 해보기로 했다. 아쉽게도 1995년 이전에는 필요한 재무 데이터를 구하기가 어려워 1995년부터 2010년까지 15년을 대상으로 검증이 이뤄졌다.

피오트로스키가 PTBV가 가장 낮은 20%만을 그의 논문에 사용했다는 점을 떠올리자. 반면에 〈표 17-1〉은 장부가치를 가진 모든 회사들을 포함하고 있다. 심지어 마이너스 장부가치를 가진 회사조차 포함되었다.

피오트로스키와 비교하기 위해서는 저PTBV 줄을 살펴봐야 한다. PTBV가 가장 낮은 5분의 1이 아니라 3분의 1을 사용하고 있지만 말이다. 거기서 '고F스코어-저F스코어' 수치는 32.8%포인트인데, 이는 피오트로스키의 27%포인트와 그럴듯하게 유사하다.

F스코어가 다른 가치 지표들과 함께 어떻게 작용하는지에 관심이 있는 까닭에 그것을 검증하는 가장 좋은 방식은 2단계 분류를 하는 것이다. 즉, 한 단계에서는 PTBV를, 또 하나의 단계에서는 F스코어를 가지고 표 하나에 회사들을 배열시킨 후 그 표의 각각의 셀에 속

〈표 17-1〉 F스코어 내에서 고, 중, 저 PTBV 그룹별 수익률

F스코어	0~2 (저)	3	4	5	6	7	8	9 (고)	고-저 F스코어
고PTBV	-27.0%	-19.5%	-11.7%	2.3%	8.3%	14.2%	17.4%	17.7%	44.7%P
중PTBV	-20.2%	-8.5%	-0.1%	4.0%	8.9%	17.2%	22.2%	20.1%	40.3%P
저PTBV	-10.0%	-1.4%	0.7%	10.1%	15.8%	17.6%	24.1%	22.8%	32.8%P
저-고 PTBV	17.0%P	18.1%P	12.4%P	7.8%P	7.5%P	3.4%P	6.7%P	5.1%P	-

* 기간 : 1995~2010년

하는 주식들의 평균수익률을 계산한다.

최고의 수익률을 보일 것으로 추정되는 회사들은 F스코어 9점에다, PTBV가 가장 낮은 10분위수 조합에 있을 것이다.

그러나 10개의 F스코어 점수별로 회사들이 고르게 분포하는 것은 아니라는 점과 각 셀에는 충분한 기업들이 있어야 한다는 점을 고려할 필요가 있다.

특히 F스코어가 0점이나 1점, 2점인 기업들은 거의 없다. PTBV 기준 값을 고정하면 F스코어 10분위나 심지어 5분위로 분류해도 특정 해에 F스코어, PTBV 그룹에 해당하는 기업들이 하나도 없는 그룹들을 가질 수 있으므로 15년에 걸친 평균 수익률을 계산할 수 없게 된다.

필자는 이것 때문에 끙끙대느라 2주일을 다 보내고 말았다. 필자가 찾아낸 최상의 절충안은 회사들을 F스코어에 따라 우선 분류하고 나서 그 그룹 내에서 PTBV를 기준으로 고, 중, 저 그룹으로 똑같이

나누는 방식이다. 그러나 이것이 의미하는 바는 PTBV 고, 중, 저 그룹 사이의 F스코어별로 다를 수 있다는 점이다. 예를 들어 F스코어 9점과 비교했을 때 F스코어 3점과는 다를 수 있다.

또한 필자는 F스코어 0점에서 2점 사이의 그룹들을 함께 묶어야 했는데 아니나 다를까, 몇몇 해에는 특정 그룹에 속하는 회사들이 아예 없거나, 거의 없었기 때문이었다.

피오트로스키가 밝혀냈듯이, F스코어가 낮은 기업과 높은 기업들 간의 수익률에는 매우 큰 차이가 있다. 이는 다른 어떤 가치주 및 인기주의 분류보다 훨씬 더 큰 것이다. 그러나 이것이 44.7%포인트가 내포하듯이 재앙이 될 만큼 시장 비효율적이라는 것은 아니다.

왜냐하면 필자는 시가총액에 따라 회사들을 다르게 다룬 것이 아니라 똑같이 다뤘기 때문이다. 3펜스짜리 저니그룹을 BP(영국의 대형 석유회사, 당시 주가 약 497펜스)와 똑같이 다뤘다. FTSE100 기업들이 전체 시장가치의 80%를 넘는데다, 훨씬 더 효율적인 가치평가법들이 있다는 점을 감안한다면 시가총액에 따라 회사들을 달리 다뤘을 경우 마지막 열의 수치들을 훨씬 감소시켰을 것이다.

맨 아래줄 '저-고 PTBV'을 보면 PTBV가 가장 허약한 기업들에는 매우 효과적으로 작용한다. 그러나 가장 강력한 기업들에 대해서는 이렇다할 정보를 제공하지 못한다.

F스코어가 0~2점 사이이고 고PTBV인 기업들은 15년에 걸쳐 연평균 -27%라는 충격적인 수익률을 달성했다. 이는 타당성이 있어 보이는데 (또 하나의 사후적 해석이 될지 모르겠지만) 만약 어떤 회사의

바이탈 사인이 악화되고 있다면 상황을 바꾸려고 발버둥치는 동안 풍부한 유형자산이 비빌 언덕이 되어줄 수도 있기 때문이다. 만약 유형자산이 별로 없거나 심지어 아예 없는데 회사의 바이탈 사인이 점점 악화되고 있다면 최악의 상황이 발생할 수 있다.

반면에 PTBV는 상태가 최상인 회사들에는 그렇게 효과적으로 작용하지 않는다. 만약 바이탈 사인이 모두 최상이고, 이익이 건전한 데다 증가하고 있다면 보유 중인 유형자산은 회사를 유지하는 데 있어 큰 의미는 없다.

실제로 PTBV는 가장 강력한 회사들의 경우에는 1년 PER 정도의 효과가 있을 뿐이고, 10년 분해 PER과 비교했을 때에는 뒤처진다.

F스코어와 PER

이제 피오트로스키가 2000년 논문에서 전혀 살펴보지 않았던 주제로 넘어가자.

가치지표로서 F스코어는 PTBV와는 달리 PER과 어떻게 작용할까? PER을 가지고 있는 회사는 PTBV를 가지고 있는 회사보다 훨씬 더 적다. 이는 아주 일부 회사들이 어떤 한 해에 적자를 기록할 수 있는 반면 대다수의 회사들은 최소한 약간의 유형자산을 보유하고 있기 때문이다. 이 때문에 필자는 F스코어 0~4점까지와 8~9점을 함께 묶어야 했다. 그렇게 하지 않는다면, 몇몇 해에는 특정 그룹에 속하는 회사가 아예 없거나, 거의 없기 때문이다.

〈표 17-2〉, 〈표 17-3〉, 〈표 17-4〉를 함께 비교할 수 있도록 10년 혹은 그 이상의 흑자 기록을 가진 회사를 대상으로 한다. 〈표 17-2〉는 1년 PER을 사용하여 그룹별로 회사들을 분류한다.

얼추 봤을 때 1년 PER은 재무적으로 가장 안정적인 회사들에는 효과적이다. (고F스코어 열에서 19% 대 17%) 그러나 재무적으로 가장 취약한 회사들에는 오히려 불리하게 작용한다. (저F스코어 열에서 −0.7% 대 1.6%)

가장 강력한 효과는 PER이 아니라 F스코어로 분류했을 때 나타난다. (맨 오른쪽 열 15~19%포인트 대비 맨 아랫줄 −2~4%포인트) 이런 결과를 보면 PER이 최근 인기가 시들해진 것은 놀라운 일이 아니다.

여기서 골치 아픈 숫자는 가장 취약한 회사들에 해당하는 −2.3% 포인트이다. 필자는 이것을 통계적 변이성 때문이라고 무시하려고 했다. 그러나 아래를 보면 장기 PER과 분해 PER 또한 가장 취약한 회사들의 경우에는 정상과는 반대로 작용한다. 왜 고PER을 가진 취약한 회사들이 저PER을 가진 취약한 회사들보다 더 나은 성과를 내는지는 앞으로 풀어야 할 주제이다.

10년 PER과 분해 PER로 넘어가자.

먼저 〈표 17-3〉에서 보듯이, 10년 PER은 재무적으로 가장 강력한 회사들의 경우 가치주와 인기주 사이에 납득할 만한 차이를 보여준다. (고F스코어 열의 19.7% 대 13%) 이는 고F스코어 회사들의 경우 고

〈표 17-2〉 F스코어별 고, 중, 저 1년 PER 그룹의 수익률

F스코어	0~4(저)	5	6	7	8~9(고)	고-저F스코어
고PER	1.6%	4.0%	9.0%	12.0%	17.0%	15.4%P
중PER	-1.4%	5.5%	8.3%	12.3%	16.6%	17.4%P
저PER	-0.7%	6.0%	9.7%	16.3%	19.0%	19.7%P
저-고PER	-2.3%P	2.0%P	0.7%P	4.3%P	2.0%P	–

* 10년 혹은 그 이상의 흑자 기록을 가진 회사들, 1995~2010년.

〈표 17-3〉 F스코어별 고, 중, 저 10년 PER 그룹별 수익률

F스코어	0~4(저)	5	6	7	8~9(고)	고-저F스코어
고PER	4.7%	2.5%	7.5%	11.7%	13.0%	8.3%P
중PER	-2.8%	6.6%	10.7%	14.1%	19.7%	22.5%P
저PER	-2.5%	6.6%	8.1%	15.0%	19.7%	22.3%P
저-고PER	-7.2%P	4.1%P	0.6%P	3.3%P	6.7%P	–

* 10년 혹은 그 이상의 흑자 기록을 가진 회사들, 1995~2010년.

〈표 17-4〉 F스코어별 고, 중, 저 분해 PER 그룹별 수익률

F스코어	0~4	5	6	7	8~9(고)	고-저F스코어
고PER	-0.1%	2.6%	4.8%	10.3%	14.3%	14.4%P
중PER	1.7%	6.6%	7.3%	14.3%	14.9%	13.2%P
저PER	-2.3%	7.1%	14.4%	16.2%	22.9%	25.2%P
저-고PER	-2.2%P	4.5%P	9.6%P	5.9%P	8.6%P	–

* 10년 혹은 그 이상의 흑자 기록을 가진 회사들, 1995~2010년.

PTBV와 저PTBV를 가진 회사들의 차이인 5~6%포인트와 대략 비슷하다.(〈표 17-1〉, 맨아래 줄, 오른쪽 두 칸)

분해 PER의 경우를 살펴보자.(〈표 17-4〉 참조) 분해 PER은 재무

적으로 가장 강력한 회사들에는 아주 효과적이다.(고F스코어 열에서 22.9% 대 14.3%) 저-고 분해 PER의 차이는 8.6%포인트이다. 분해 PER은 PTBV(〈표 17-1〉, 맨아래 줄 오른쪽 두 칸)보다는 그 그룹 내에서 가치주 회사들을 찾아내는 데 좀 더 강력한 효과를 낸다.

이제 마지막으로 네이키드 PER을 살펴보자.
13장에서 소수의 종목만 편입한 아주 소형 포트폴리오를 사용했다. 따라서 여기서도 똑같이 한다. 그러나 가치주의 경우에는 F스코어 8점이나 9점을 가진 회사들, 그리고 인기주 그룹의 경우에는 F스코어 0점에서 3점을 가진 회사들로 한정한다. 이번엔 매년 극소수의 회사들에만 투자하기 때문에 선택의 폭이 아주 넓다고 할 수 있다.
처음으로 데이터스트림에서 모든 회계 수치를 구할 수 있게 된 1995년부터만 선이 갈라진다.(〈그림 17-1〉 참조)
재무적으로 가장 건전한 회사들에만 투자하는 것은 대부분의 기간 동안 네이키드 PER을 사용했을 때와 비교했을 때 밑도는 성과를 낸다. 그러나 어려운 시기에는 보호해주는 역할을 한다는 점이 중요하다.
F스코어를 사용하면 2008~2009년 사이 네이키드 PER이 겪었던 72% 손실이라는 재앙을 피할 수 있게 해준다. F스코어 8점이나 9점을 가진 회사들은 그 시기에 단지 16%의 손실을 겪었을 뿐이다. F스코어가 높은 주식들에 투자했을 때 700만 파운드의 포트폴리오 가치를 보호할 수 있었다. 반면에 오로지 네이키드 PER만을 사용한다면

<그림 17-1> 네이키드 PER과 F스코어를 연계한 성과

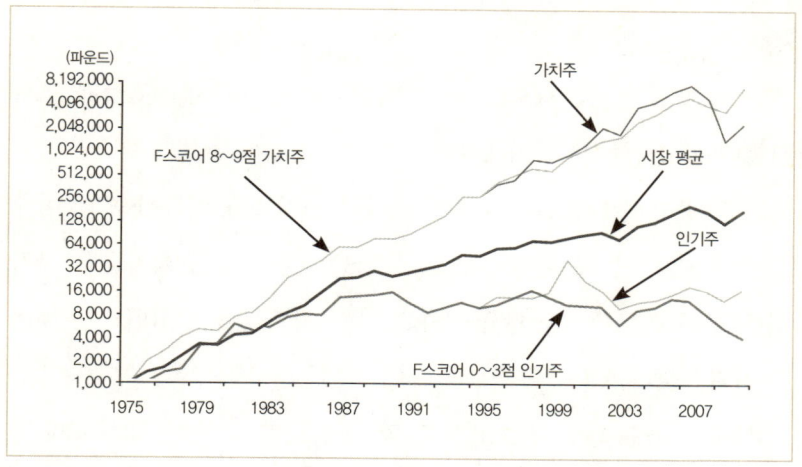

* 5개 종목 편입. 1975~2010년 모든 영국 회사 대상. F스코어는 1995년 이후 기준.

포트폴리오 가치가 240만 파운드까지 떨어졌을 것이다.

인기주들은 더욱 나쁜 성과를 냈는데, F스코어를 반영하지 않았을 때 1만 7,000파운드로 끝나는 데 비해 F스코어 0점에서 3점까지는 4,000파운드로 끝난다. 심지어 이런 가장 취약한 회사들은 1999~2000년 사이의 기술주 거품에도 끼지 못했는데, 그 시기에 18%가 떨어졌다. 반면에 일반적인 인기주 포트폴리오의 경우에는 150%가 올랐다.

F스코어와 업그레이드 PER 결합 효과 정리

이제 마지막으로 피오트로스키의 F스코어와 가치 지표들을 조합한 결과를 간단하게 정리해보자.

가장 중요한 교훈은 F스코어가 미래 수익률을 예측하는 데 아주 강력한 지표라는 점이다. F스코어가 8점이나 9점인 회사들을 무작위로 골라 포트폴리오를 구성하고 가치 척도들을 잊어버리는 것이 더 낫다.

시장이 공표된 재무보고서에 있는 정보를 충분히 고려하지 않는다는 점은 분명하다. 물론 담당 애널리스트들이 많은 큰 회사들의 경우 시장이 더 충분히 고려하지만 말이다. F스코어 2점에다 고PTBV인 회사들과 F스코어 9점에다 저PTBV 회사들의 포트폴리오들의 경우 연간 수익률이 거의 50%포인트나 차이가 났다는 것은 시장의 비효율성에 관한 충분한 증거가 될 수 있다.

만약 형편없는 성과를 낼 인기주 회사들을 찾아내고 싶다면 PER은 거의 쓸모가 없다. 그 대신 PTBV를 사용하라.

저PER 회사들로 채워진 대규모 포트폴리오를 매수하는 가치투자자들에게는 F스코어와 분해 PER을 조합하는 것이 지금까지 살펴본 모든 PER 척도들 중에서 가장 효과가 있다.

집중된 포트폴리오를 받아들일 준비가 되어 있는 기업가형 투자자들에겐 네이키드 PER이 매우 강력한 가치 지표가 될 수 있다. 가장 유용한 것은 네이키드 PER과 높은 F스코어를 가진 회사들을 결합해 매수하는 것이다. 이는 전반적으로 시장이 좋지 않은 상태에 있을 때 재앙으로부터 피할 수 있게 해준다.

수익성 비율들, 그리고 기어링 같은 재무상태표 관련 비율들은 PTBV나 이 책에서 업그레이드시킨 PER 척도들과 조합했을 때 훌륭한 이익 예측 도구가 된다. 달리 말해서, PER을 뛰어넘는 것이 가능할 뿐만 아니라 더 나은 성과를 바란다면 그렇게 해야 한다.

> ▶▶ 핵심 포인트 ◀◀
>
> ☑ 피오트로스키는 어떤 회사가 수익력이 좋은지, 그 수익으로 회사 운영과 투자에 필요한 돈을 충당할 수 있는지, 그리고 자산을 활용해 좀 더 효율적으로 매출로 만들어낼 수 있는지를 판별하는 9가지의 신호를 만들었다.
>
> ☑ 그는 재무적인 측면에서 가장 강력한 회사들과 가장 약한 회사들의 수익률에 아주 큰 차이가 있다는 것을 알아냈다. 특히 애널리스트들이 담당하지 않는 아주 작은 규모의 회사들에서 두드러졌다.
>
> ☑ F스코어는 고차원의 수학을 몰라도 이해하기 쉽다는 장점이 있다.
>
> ☑ F스코어가 가치와 관련된 지표가 아니라, 재무 안전성과 관련된 지표임에도 불구하고, 주식의 성과 예측 지표로써 F스코어는 PTBV나 PER, 그리고 또다른 가치 지표들에 비해 훨씬 더 효과적이었다.
>
> ☑ F스코어가 8점이나 9점인 회사들을 무작위로 골라 포트폴리오를 구성하고 가치 척도들을 잊어버리는 것이 더 낫다.

책을 끝내며
– 핵심 포인트 및 당부의 말

　비록 얇은 책이지만, 간단히 PER을 계산하는 방법에서 시작해 PER의 요인들을 분해한 후 피오트로스키의 F스코어와 함께 주식을 선별하는 기준에 연계하는 것까지도 살펴봤다.
　이제 마지막으로 아주 중요한 교훈들을 요약해보려 한다. 단순히 PER에 관한 것이 아니라, 대부분 주식시장과 가치주에 관한 내용들이다. 또한 미래에 해결해야 할 과제들과 몇 가지 시사점을 제시하면서 이 책을 마치고자 한다.

[핵심 포인트] 시장의 효율성과 밸류 프리미엄

- 확고한 가치투자자들도 시장이 대체로 효율적이라는 데 동의한

다. 특히 대부분의 시간 동안, 그리고 최소한 대형주일수록 그렇다. 만약 시장이 충분히 효율적이라면 워런 버핏은 세상에서 가장 부유한 사람 중 한 명이 아니라, 자신의 표현대로 "구걸 깡통을 가지고 어슬렁거리는 부랑아"가 되었을지도 모른다.

- 시장의 효율성을 믿는 사람들과 가치투자자들이 서로 다른 관점을 가지는 회사는 가격이 잘못 매겨지는 회사에 한정된다. 전자는 그런 경우가 염려할 필요도 없을 정도로 미미하고 아주 짧은 순간뿐이라고 생각한다. 반면에 후자는 시장이 가격을 잘못 매기는 경우는 꽤나 많을 뿐더러 수년 동안 지속될 수 있다고 생각한다.

- 투자업계 밖에 있는 대다수의 사람들이 생각하는 것과는 달리 주식시장은 '로또방' 같은 곳이 아니다. 만약 가격이 정말 임의적이라면 가치투자자들이 취할 이익은 없을지 모른다. 가치투자자들이 결국에는 자리를 찾아갈 것으로 기대하는 공정 가치fair value에 해당하는 가격 같은 것은 결코 없을 수도 있기 때문이다. 그렇다면 워런 버핏은 또다시 길거리 부랑아 신세가 될 것이다.

- 가격이 잘못 매겨지는 경우는 대부분 소형주에서 더 잘 발견된다. 특히 영국의 AIM 같은 시장에 상장된 주식들이 그렇다. AIM에 상장된 회사들은 실적 공표 기준이 덜 엄격한데다 5,000만 파운드(약 725억 원) 이하의 시가총액을 가진 회사들은 담당하는 애널리스트

가 거의 없다. 연차보고서를 읽는 등 궂은 일을 마다 하지 않는 개인투자자들이 정말로 성공 사례를 남길 수 있는 경우는 이런 회사들이다. 이제는 50억 달러(약 5조 7,000억 원) 이하의 회사는 분석할 가치조차 없어진 버핏은 그가 거둔 성과를 통해 시장이 가격을 얼마나 잘못 매기는지의 극치를 보여준다.

- 논쟁을 벌이고 있는 학계의 양편은 가치주가 장기적으로 봤을 때 시장보다 더 나은 성과를 내고, 인기주는 시장 평균에도 미치지 못한다는 데 동의한다.
그러나 가치주가 더 위험하느냐에 관한 데에는 동의가 이뤄지지 않았다. 효율적 시장 이론에 따르면 '공짜 점심'은 없을 뿐 아니라, 리스크를 추가로 감수해야 더 높은 수익을 얻을 수 있다.
그들의 주장대로 설령 가치주가 정말로 좀 더 위험한 것이 맞다 해도 그런 추가적인 위험이 실제로 무엇인지는 정확히 밝히기가 어려운 것으로 판명되고 있다.

- 이익 예측은 쓸모없다. 1962년 이래 정확한 이익 예측이 불가능하지는 않다 해도 어려운 것으로 알려져 있다. 그러나 시장은 특이하게도 이런 사실을 받아들일 능력이 없는 것처럼 보인다. 이익 예측에 의존하는 PEG 같은 방식들은 지나간 과거의 이익에 의존하는 방식들과 마찬가지로 성공적이지 않은 것으로 판명될 것 같다.

[핵심 포인트] 업그레이드 PER 활용법

- 1934년 벤저민 그레이엄과 데이비드 도드가 제안했지만 70년 동안 검증되지 않았던, 수년간의 과거 이익을 고려하는 것은 한 회사의 장기적 수익력에 관한 더욱 신뢰할 수 있는 견해를 제공해준다. 장기 PER은 1년 PER의 이익 예측력을 3분의 2나 향상시킨다.

- 업그레이드된 PER은 수익 예측에 영향을 주는 여러 요인이 복잡하게 엮여 있다. 일반적인 PER에 영향을 주는 섹터 효과는 다른 것들에 반대로 작용한다. 고PER 섹터들에 있는 회사들은 저PER 섹터들에 있는 회사들보다 더 나은 성과를 낸다. 이것은 매우 강력한 효과는 아니지만, 수치로는 의미가 있다. 이런 영향들을 분해해서 각각의 수익예측력에 따라 가중치를 준 후 다시 그것들을 조합하면 상당히 강력한 '분해 PER'이 도출된다.

- 업그레이드된 PER의 중대한 약점은 장기간의 과거를 살피도록 고안된 것이라는 점이다. 따라서 최근 들어 회사가 어려움을 겪고 있는지, 아닌지는 반영이 되지 않을 수 있다. 이런 약점은 2008~2009년 사이의 네이키드 PER 포트폴리오의 재앙적인 수익률 그래프로 설명되어졌다.

- 다행히도 이익을 기준으로 하는 가치 척도와 회사의 최근 재무적

안전성에 관한 척도를 결합해 사용하면 대부분 이런 문제점을 피할 수 있다. 일부 성공적인 투자자들은 각자 다양한 방식으로 이미 오래 전부터 이렇게 해오고 있다. 피오트로스키의 F스코어와 결합된 네이키드 PER은 사례를 통해 탁월한 성과를 보여주었고, 2008~2009년의 대폭락 사태를 대부분 피해갔다.

앞으로 풀어야 할 과제들

학술 논문들은 전통적으로 그 연구가 던진 질문 리스트로 끝난다. 그 리스트는 연구 주제를 찾아 끝없이 헤매는 미래의 연구자들에게 큰 도움을 준다. 이 책 역시 이런 전통을 포기하지 않겠다. 여러분에게 영감을 주는 질문들이 포함되어 있기를 바란다.

- 이익의 다른 요소들은 아마도 서로 다른 이익 예측력을 가지고 있을 것이다. 토니 강이 PER의 분모 자리에 영업이익을 사용하면서 새로운 전기가 마련됐다. 효율적인 측면에서 그는 손익계산서에서 영업이익 위 항목들엔 1점을, 영업이익 아래에 있는 모든 항목에는 0점을 부여했다. 이익의 요소별로 이익 예측력에 따라 가중치를 부여하는 보다 세련된 방식을 접하게 된 것이다. 이게 회계사에겐 무의미할지 몰라도 투자자들에게는 꽤나 유용하다고 할 수 있다.

- 필자의 논문은 단지 5년 치 과거 이익을 사용했을 뿐이다. 그리고 PER의 효과 측면에서 미미하나마 의미 있는 진전을 이뤄냈다. 필자의 박사학위 논문은 8년 치를 다뤘고 PER의 효과가 더욱 향상됐다. 이 책에서 사용하기 위해 논문들을 업데이트하는 과정에서 10년 치를 다뤘는데 기간을 확장한 것이 더 많은 효과를 내는 것으로 나타났다. 그렇다면 얼마나 더 긴 기간까지 다뤄야 할까? 헤인즈의 31년 전(헤인즈는 그때 이후로 매년 흑자를 기록하고 있다) 이익까지 다루면 이익 예측 도구로서 PER의 효과가 역시나 더욱 커질까? 이것은 상식에 반하는 것 같다. 그런데 이익을 예측할 때나 PEG에서 살펴봤듯이, 우리가 수치적 증거를 무시한다면 상식은 우리를 엉뚱한 길로 끌고 갈 수 있다. 이른바 장기 기억long memory 체계는 재무와 그밖의 영역에서 흔히 볼 수 있는데, 여태까지 누구도 개별 기업들의 차원에서 설명하지는 못했다.

- '오늘 현재 주가'를 '6년 이상 과거의 이익'으로 나눌 경우, 1년 PER보다 '더욱 강력한' PER을 얻을 수 있다. 이것 역시 '지난해의 이익이 그 회사의 진정한 이익 잠재력에 대해서 가장 많은 정보를 제공해줄 것'이라는 상식적 통념에 너무나 반하는 것이다. 무엇 때문에 지난해의 이익이나 2~3년 전의 이익이 덜 유용해지는 것일까?

- 필자가 분해했던 PER의 요인들이 최종적인 진리는 결코 아니다. 네이키드 PER은 필자가 별뜻없이 고려하지 않았지만, 다른 예측

할 수 있는 요인들을 포함하고 있을지 모른다. 필자가 고려는 하고 있지만 아직 포함시키지 않은 한 가지는 기어링이다. 즉, 다른 조건들이 똑같다면 부채가 많은 기업일수록 더 낮은 PER을 예상할 수 있어야 한다는 점이다. 더 위험하기 때문이다.

- 왜 어떤 경우에는 PER의 업그레이드 버전이 상식과 달리 '엉뚱한 방향으로' 작용할까? 예컨대 재무적으로 가장 취약한 회사들에 사용했을 때 고PER 회사들이 왜 저PER 회사들보다 더 나은 성과를 낼까?

밸류 프리미엄에 관한 마지막 당부

걱정하지 말고 PER을 최대한 잘 활용해라. 효과가 없어지면 어쩌나 하고 염려하지도 말아라. 어느덧 그 비밀의 문이 열린 지도 60년이 훨씬 넘었다. 1949년 『현명한 투자자』가 출간된 후 밸류 프리미엄이 사라졌다는 어떠한 증거도 없다. 당신이 진정으로 감정의 스위치를 끌 수 있고, 다른 어떤 것이 아닌 수치에 따라 투자할 수 있다면 환희와 공포에 따라 표류하는 시장이라는 바다에서 살아남는 극소수 가치투자자 중의 한 명이 될 것이다.

역자 후기

이 책의 가장 큰 특징은 오로지 PER이라는 지표 하나를 가지고 한 권의 책을 써냈다는 점일 것 같다. 하루에도 몇 번씩 이 지표를 접하는 투자자 입장에선 '그게 뭐 대단한 가치가 있다고 책 한 권씩이나 썼지'라는 생각을 가질 법하다. 또한 PER을 잘 모르는 독자는 '대단한 이야기꾼인가 보다'라는 정도로 치부하지 않을까 싶다.

그런데 책을 읽다보면 어떻게 해서 저자가 이 주제 하나로만 책을 쓸 수 있었는지, 그도 그럴 것 같다는 생각이 떠오르게 된다. 이제 막 주식투자를 시작한 초보투자자건, 경험 많은 베테랑 투자자건 PER을 웬만큼 안다고들 하지만, 실제로는 잘 안다고 착각한다는 것이 저자의 생각이다.

PER을 제대로 알아서 잘 활용하게 되면 아주 훌륭한 투자의 무기가 될 수 있는데도 아예 거들떠보지 않거나, 사용한다 해도 제멋대로 남용하고 있는 탓이다.

　이런 문제의식을 바탕으로 저자는 PER의 탄생 배경, 특장점과 한계, 개선책 등을 술술 풀어낸다.

　행태재무학의 선구자로 불리는 워너 드 봉이 "통찰력이 넘치는 책"이라며 극찬의 추천사를 쓴 것은 이처럼 이 책이 던진 인사이트와 함의가 간단치 않아서일 것 같다.

　가치투자를 표방하는 한국투자교육연구소를 2007년 설립해 줄곧 공동대표로 일하면서 PER 하나만 살펴보고 투자해도 어처구니 없는 투자를 하지 않을 텐데 하는 생각을 수차례 했었다. 공격적인 종목 발굴도 중요하지만 우선은 방어적인 수익률 지키기 차원에서다.

　특히 초보자일수록 소문이나 남들의 말에 따라 거품이 잔뜩 낀 고PER 주식을 덜컥 산다. 그런 투자자일수록 애당초 PER 따윈 살펴보지 않는다. 앞으로 오를 주가만 기대하기 때문이다. 당연히 기업의 가치도 살피지 않는다. 그러니 주가와 비교해 고평가 여부를 따져볼 생각도 하지 않는다.

　어찌보면 PER은 투자자에게 주식을 아주 싸게 사는 것보다, 너무 비싸게 사지 않는 경계의 지표로서 더 효용성이 있을지 모른다는 생각을 줄곧 해왔다.

　초보투자자도 쉽게 읽을 수 있는 오직 PER을 중심으로 풀어낸 책을 직접 써보면 좋겠다는 생각을 하게 된 것은 그 때문이다.

　그러던 차에 우연히 이 책을 발견하고 번역으로 대신하게 됐다. 저자가 실제 투자와 함께 대학에서 연구를 병행하면서 직접 검증하고 분석한 내용을 바탕으로 PER의 기발한 업그레이드 버전을 만들었다는 점에서 신뢰가 갔다.

그러나 번역 작업은 만만치 않았고, 이런저런 바쁜 업무와의 우선순위에서 밀리면서 자꾸 미뤄지게 됐다. 그나마 3년이나 미뤘던 숙제를 이번에 마치게 된 것을 다행으로 생각한다.

가치투자의 창시자로 불리는 벤저민 그레이엄이 최초로 가치투자의 초과 성과를 발표한 뒤로 70년이 지나는 동안, 이런 혜택을 자신의 것으로 만든 투자자는 극소수에 지나지 않는다. 저자인 키스 앤더슨 박사는 밸류 프리미엄은 여전히 유효하고, 앞으로도 그럴 것이라고 강조한다. 번역이 많이 늦어졌지만, 그 점에서 위안을 삼는다. 이 책에서 제시하는 아이디어와 인사이트 역시 지금까지 수십 년간 그랬듯이 모든 사람의 것은 되지 않을 테니 말이다. 부디 이 책에서 많은 영감을 얻길 바란다.

끝으로 이 책이 나오기까지 격려와 응원을 아끼지 않은 가족들, 그리고 손을 보태준 지인들과 정연빈 팀장에게 고마운 마음을 전한다.

2017년 8월
늦여름, 숙제를 끝내며
김재영

/ 용어 정리 /

가중평균 발행주식 수weighed average share in issue : 주당순이익을 계산할 때 사용된다. 회사는 새로운 주식을 발행하거나 기존 주식을 감소시킬 수도 있기 때문에 회계연도 말의 발행주식 총수가 회사가 손익을 내는 동안의 회기 동안의 총 주식 수를 반드시 대표한다고 할 수는 없다. 가중평균은 그 주식이 발행된 해의 해당 기간에만 비례하도록 처리한다.

가치주value shares : 가치투자자가 선호하는 가치 지표, 즉 저PER이나 저PTBV 혹은 고배당수익률(DY) 등을 활용해서 선별된 주식을 말한다. 이런 지표 중 어떤 것을 사용해 주식을 분류하더라도 가치주는 인기주의 정반대 편에 몰려 있게 된다. 학계 연구에 따르면 가치주는 장기적으로 시장 평균 수익률을 웃돌지만 가치주가 근본적으로 좀 더 위험한 것인지에 대해서는 일치된 의견이 없다. 가치주는 일반적으로 따분한 사업을 하는 회사들이고, 근래 들어 어려움을 겪고 있는 회사들일 수도 있다.

가치투자자value investor : 대략 2~3년의 중기적으로 시장을 웃도는 성과를 낼 것으로 기대되는 저평가 주식을 찾아내기 위해서 PER이나 PTBV 같은 투자 지표들을 활용하는 사람이다.

감모상각amortisation : 수년간에 걸쳐 회사의 영업권goodwill을 감소시키는 절차를 말한다. 감가상각depreciation과 유사하다. 그러나 감모상각은 무형자산에만 해당된다는 점에서 다르다.

리스크(위험)risk : 변동성volatility 참고

매출액revenue : 비용이 공제되기 전 회사의 수입income에 해당된다.

매출총이익gross profit : 매출총이익은 손익계산서에 첫번째로 표시되는 이익 수치이다. 매출액에서 제조원가를 제해서 구한다. 매출총이익은 판매관리비나 이자, 세금 등은 고려하지 않기 때문에 주주의 몫이 되는 이익과는 전혀 다르다.

무형자산intangible assets : 원칙적으로 만질 수는 없지만 회사의 장부에 기재되는 모든 것이다. 여기에는 지적재산권과 고객의 브랜드 충성도가 포함된다.

배당금dividend : 주주들에게 회사가 지불하는 돈이다. 주주가 주식을 팔지 않는 한 배당금은 주주가 받는 유일한 수익이다. 미국에서 배당금은 일반적으로 4개 분기별로 똑같은 금액이 지급된다. 영국에서는 반년마다 지급되는데 보통 중간배당으로 3분의 1을 지급하고, 나머지 3분의 2를 마지막에 지급한다. 많은 회사들이 배당금을 지급하지 않지만 사람들은 여전히 미래의 배당금을 기대하고 투자한다. 배당금을 지불하기 위해서는 회사가 먼저 이익을 내야 하는데, 그중 일부는 향후 사업 확장이나 어려운 시기에 대비해서 유보하게 된다. 나머지가 주주들에게 지급된다.

배당성향payout ratio : 한 회사의 순이익이 주주들의 몫임에도 불구하고 회사들은 보통 순이익을 모두 배당금으로 지급하지는 않는다. 회사는 성장을 위한 자금 조달 차원과 어려운 시기를 대비하는 차원에서 이익의 일부를 유보하려고 할 것이다. 회사가 순이익 중에서 배당금으로 지급하는 비율이 배당성향이다. 성장 전망이 제한적인 일부 회사들(일반적으로 수도나 전기처럼 규제를 받는 유틸리티 회사들)은 배당성향이 매우 높다. 신생 기술 회사 같은 다른 회사들은 제품이나 서비스를 향상시키는 데 투자할 목적으로 이익의 대부분을 유보한다. 배당성향은 주당배당금을 주당순이익으로 나눈 후 퍼센트로 표시된다.

배당성향 = 주당배당금 / 주당순이익 × 100(%)

헤인즈는 약 50%의 배당성향을 보이고 있다.

배당수익률dividend yield(DY) : 배당수익률은 투자자가 받는 배당금에 대한 연간 수익률로서 주식가격의 몇 퍼센트인지로 표현된다. 배당수익률을 계산하려면 해당 회계연도에 회사가 지급한 모든 배당금을 현재 주가로 나눈다.

배당수익률 = 총 배당금(주당) / 현재 주가 × 100(%)

배당수익률은 채권수익률이나 예금이자와 곧바로 비교할 수 있다. 인용되는 배당수익률은 과거 회계연도에 지급된 모든 배당금을 이용하는 역사적인 배당수익률이나, 현재 회계연도에 지급될 모든 배당금에 대한 예상치를 이용하는 기대 배당수익률 둘 중 하나이다. 배당수익률의 한 가지 결점은 배당수익률이 시세 차익이 아니라, 단지 주식을 보유하는 데서 오는 수입만을 측정한다는 점이다.

밸류 프리미엄value premium : 가치주가 장기간에 걸쳐 보여주는 탁월한 성과를 말한다. 미국과 영국에서 PER 기준으로 평균적인 주식시장 수익률에 비해 연간 3%포인트가 일반적인 밸류 프리미엄에 해당한다.

베타beta : 베타는 전체 시장의 변동에 대비해 어떤 주식의 변동에 대한 민감도를 의미한다. 따라서 베타가 2.0이라는 의미는 만약 주식시장이 5% 오르거나 떨어지면, 그 주식은 10% 오르거나 떨어질 것으로 예상할 수 있다. 기술적으로는 베타는 시장수익률에 대한 회사의 수익률의 회귀 기울기이다. CAPM에서는 수익률은 한 주식의 베타에 대해 비례해야 한다.

베타를 설명하는 가장 좋은 방법을 우연히 발견했는데 다음과 같다. 한 주식의 수익률과 시장의 수익률을 대비한 산포도 차트를 만든다. 최적선을 그린다. 그 선의 기울기가 그 주식의 베타값이다. 베타를 스스로 계산하고 싶은 학생이나 학계 종사자들은 엑셀의 SLOPE 기능을 사용해 직접 해볼 수 있다. 이를 통해 두 변수값 사이의 회귀선의 기울기를 구할 수 있다.

변동성volatility : 어떤 주식의 일간 수익률의 표준편차를 말한다. 일반적으로 변동성은 학계 연구자들이 '위험risk'으로 명명하는데, 계산하기 쉽다는 점 때문에 그렇다. 그러나 이것이 '위험'에 대한 일상적인 합의와 일치하는 것은 아니다. 예컨대, '그 회사가 파산할 위험'이라든가, '이 투자가 은퇴 시점에 국민 평균 임금의 절반 수준에 맞먹는 수입을 지급하지 못할 수도 있는 위험' 같은 일상적인 표현과 딱 맞아떨어지는 의미는 아니다.

손익계산서income statement(profit and loss account) : 어떤 회사가 보통 1년이나 반

년에 해당하는 주기에 얼마나 많은 이익을 벌어들였는가를 보여준다. 여기서 이익이란 매출액에서 제품이나 서비스를 제조하고 판매하는데 들어가는 비용을 제한 것이다. 손익계산서는 미실현이익은 포함하지 않는데 이것은 연결재무제표의 자본변동표에 기재된다.

순이익earnings : 순이익은 한 회사가 한 해에 벌어들이는 이익인데 회사의 매출액에서 제조원가, 판매관리비, 이자 비용, 세금 등을 제하고 구한다. 순이익은 투자자의 몫에 해당하는 이익으로 배당금으로 지급되거나, 영업활동에 조달하기 위해서 유보된다. 순이익 수치는 미실현 손실이나, 미실현 이익을 고려하지 않는데 연결재무제표의 자본변동표에 기록된다.

영업권goodwill : 어떤 회사를 인수할 때 그 회사의 우형자산 가치보다 더 많이 지불한 돈을 포괄하는 회계적 용어이다. 이는 지적재산권과 고객의 브랜드 충성도에 대한 추정 가치에 대한 공정가치fair value가 될 수 있다. 그러나 때때로 입찰자가 기업 인수를 위해 초과 지불한 금액을 단순히 기록하는 것일 수 있다. 영업권은 향후 수년간에 걸쳐 감모상각되어야 한다.

영업이익operating profit : 영업이익은 제조원가와 판매관리비를 제하고 나서 회사가 벌이는 돈이다. 이익의 주요한 수치 중의 하나이고, 사업체를 다른 사업체와 비교하기 위해서 이익률을 계산하는데 자주 사용된다. 영업이익은 세금과 이자를 감안하지는 않는다.

유보이익retained earnings/profit : 한 회계연도에 회사가 주주에게 배당금을 지급하고 난 뒤의 유보된 이익을 가리킨다.(순이익 참고) 또한 재무상태표에 수년간 누적되어 유보되어온 손익의 총액을 가리키기도 한다. '주식 프리미엄 펀드share premium fund(주주의 펀드shareholders' fund)'로도 알려져 있다. 유보이익은 회사가 잘 활용한다면 미래의 이익을 증가시킬 수 있는 자금조달원이 된다.

유형자산tangible assets : 회사가 소유하고 있는 자산으로 원칙적으로 만질 수 있는 것을 말한다. 심지어 은행 계좌에 있는 현금도 인출할 수 있다면 만질 수 있다.

이익수익률earnigs yield : PER(주가수익비율)의 역수이다. 즉, 주가를 이익으로 나누는 게 아니라, 이익(E)을 주가(P)로 나눈 것(E/P)이다. 당기순이익이 적자일 때 발생하는 PER의 난처한 단절 현상 때문에 학술 논문에 광범위하게 사용되고 있다.

인기주glamour shares : 인기주는 일반적으로 고PER, 고PTBV, 저배당수익률을 가지고 있다. 만약 이런 수치에 따라 주식을 분류한다면 인기주는 가치주의 정반대 편에 몰려 있게 될 것이다. 학계 연구에 따르면 인기주는 장기적으로 시장의 평균치를 밑도는 성과를 낸다. 그러나 인기주가 기본적으로 덜 위험한지, 아닌지에 관해서는 견해가 일치하지 않는다. 이런 주식들은 일반적으로 뉴스에서 떠들썩한 회사들에게서 볼 수 있고, 저녁 파티에서 이런 주식들에 대해 잘 아는 것처럼 말한다면 꽤나 인정을 받을 것이다.

자본자산가격결정모형Capital Asset Pricing Model(CAPM) : 완전히 효율적 시장을 가정하는 일련의 제한적 가정 아래서 샤프가 1964년 제시한 CAPM은 한 주식의 수익률은 시장과 비교한 그 주식의 위험(베타)과 비례해야 한다는 수학적 증명이다. 샤프의 가설을 현실세계에 적용할 수 있는지는 의문이다. 이후 시점간 CAPM과 소비 CAPM과 관련된 모형이 제시되었지만 CAPM 계산이 자본의 비용을 쉽게 도출해낼 수 있어서 원래 CAPM이 많은 현실 기업의 재무 결정 시 여전히 폭넓게 받아들여지고 있다.

자산assets : 회사가 소유하고 있는 것이다. 자산은 회사의 재무상태표에 기록된다. 헤인즈의 경우 가장 큰 자산 항목은 무형자산, 즉 상표, 회사가 개발한 컴퓨터 소프트웨어, 영업권 등의 회계적 가치이다. 이것은 사무실이나 작업실, 공구나 차량 등으로 구성된, 자산 중 두 번째로 큰 범주(유형자산property plant and equipment)인 물질적 항목은 아니다. 그러나 만약 회사가 자산으로 규정하고 그것에 가치를 부여하면 그 가치는 재무상태표에 기재된다. 예를 들어, 소프트웨어는 개발비에 포함되고, 영업권은 헤인즈가 다른 회사를 인수할 때 그 회사의 유형자산 가치를 초과해서 지불한 금액이다. 달리 말해서, 한 회사가 또다른 회사를 살 때 지불한 가격이 무형자산의 가치를 형성한다. 무형자산과 유형자산은 1년 이상의 내용연수useful life를 가지는 비유동자산(고정자산)의 사례들이다. 유동자산은 1년 이내에 현금화할 수 있는 자산을 말한다. 유동자산에는 현금, 매출채권, 재고자산 등이 포함된다. 모든 자산은 회사가 이익을 내고 비용을 지불하는 데 필요하다.

장부가치book value : 유형자산의 감가상각이나 무형자산의 감모상각 처리를 한 후 재무상태표에 나타나 있는 자산의 현재 가치.

재무상태표balance sheet : 회사 재무제표 가운데 하나이다. 회사가 소유하고 있는 것, 즉 자산과 회사가 빚지고 있는 것, 즉 부채를 보여준다. 자산과 부채의 차이가 주주의 몫이다. 이것이 자본인데 역시 재무상태표에 기록된다.

주가매출액비율price-to-sales ratio(PSR) : 현재 시가총액을 지난 회계연도의 총 매출액으로 나눈 값이다. 가치주 회사는 일반적으로 1보다 작은 PSR을 보인다. 다시 말해 그 회사의 시가총액이 지난해 매출액보다 작다. 그러나 회사가 어떤 산업에서 사업을 영위하느냐에 따라 크게 달라질 수 있다.

주가수익비율price/earnings ratio(PER, PE 또는 P/E) : 주가를 주당순이익(EPS)으로 나눈 값이다. 인용하는 PER은 역사적 PER(주가를 사업보고서에 보고된 지난 회계연도의 주당순이익으로 나눈 것)이거나, 전망 PER(주가를 현재 회계연도에 대한 애널리스트들의 주당순이익 전망치 평균으로 나눈 것) 둘 중 하나이다.

주가유형자산비율price-to-tangible book value(PTBV) : 지적재산권이나 고객 영업권 같은 무형자산을 배제한 주가순자산비율(PBR)이라고 할 수 있다.

주가현금흐름비율price-to-cash flow(PCF) : 현재 주가를 주당현금으로 나눈 값이다. 또 하나의 가치지표로서 낮은 PCF가 선호받는다.

주당순이익earnings per share : 주당순이익은 일반적으로 1년이나 반년 정도의 특정 기간의 순이익을 그 기간에 해당되는 평균 발행주식 수로 나눈 것이다.

주당순이익= 당기순이익 / 가중평균한 발행주식의 수

투자자가 한 회사의 주당순이익을 알면 회사의 전체 이익 중 얼마가 자신의 몫인지는 물론, 전년도와 비교해 그 액수가 늘었는지, 줄었는지를 알 수 있게 된다. 회사의 주가를 주당순이익으로 나누면 그 회사의 PER을 구할 수 있다. 주당순이익은 역사적 주당순이익(연차보고서에 언급된 과거의 이익을 사용)

또는 전망 주당순이익(당해연도 주당순이익에 대한 기대치) 둘 중 하나이다.

주당장부가치Price-to-book value(PBV) : 현재 주가를 주당순자산(주당장부가치)으로 나눈 값이다. 가치주 회사는 일반적으로 1보다 작은 PBV를 보인다.(다시 말해 그 회사의 시가총액이 그 회사 자산의 장부가치보다 작다.)

주주귀속이익profit attributable to shareholders/equity holders : 순이익earnings 참고

차익거래가격결정이론Arbitrage Pricing Theory(APT) : 1976년 로스Ross가 제안한 것으로 APT는 위험에 관한 다층적 관점을 제시한다. 1단계의 관점을 제시하는 CAPM과는 다르다. 현실 세계는 위험과 관련해 다양한 원인들로 구성되어 있고 회사마다 각각의 원인들에 각기 다른 민감도를 가지고 있다. 예를 들어, 부채비율이 매우 높은 PC 소매상 체인은 금리 인상에 매우 민감하게 반응할 것이다. 그러나 대부분의 자산을 자체적으로 보유하고 있는 전통적인 제조업체는 이에 대해 훨씬 덜 민감할 수밖에 없다. CAPM과 마찬가지로 일단 위험 원인들과 민감도를 알고 나면 주식에 대한 기대수익률을 계산할 수 있게 된다. 애당초 제시된 APT는 일반적인 틀이었고, 위험의 원인들이 무엇인지를 특정하지는 않았다.

회계연도company year : 회사는 회사마다 한 해의 종료일이 다르다. 영국의 상장위원회Listing Authority 규정은 그 종료일로부터 120일 이내에 예비 결산 자료를 제출해야 한다고 규정하고 있다. 미국에서는 대부분의 회사들이 12월 31일에 한 해를 종료한다. (이 때문에 편의상 학술 논문들은 12월 결산이 아닌 기업은 대개 배제해버리는 미국의 자료를 사용한다.) 그러나 영국 회사의 종료일은 1년 내내 산재해 있다.

희석 주당순이익diluted earnings per share : 희석 주당순이익은 회사 임직원에게 부여된 주식 옵션이나 전환사채처럼 당해연도에 발행한 잠재주식을 고려해서 기본 주당순이익을 조정한 것이다. 임직원이 스톡옵션을 행사하거나, 전환사채가 주식으로 전환되면 발행주식 수가 증가하게 되는데 이때 회사의 이익이 희석되게 된다. 그러나 회사는 임직원이나 전환사채 보유자와 약정한 조건에 따라 스톡옵션을 행사하거나, 전환사채가 주식으로 전환될 때 그들에게서 자금을 받을 수도 있고, 회사가 더 이상 채권의 이자를 지불할 의무가 없어져 이익이 증가할 수도 있다. 주식 증가에 따른 희석 효과가 이익 증가보다 더 클 때 희석 주당순이익으로 기록되는데 이는 신중한 투자자가 선호하는 회사의 성과 측정도구가 된다.

/ 이 책에 등장하는 인물들 /

노먼 스트롱 Norman Strong

데이비드 도드 David Dodd
데이비드 드레먼 David Dreman

러셀 풀러 Russell Fuller
레이 볼 Ray Ball
렉스 허버츠 Lex Huberts
로버트 비시니 Robert Vishny
로버트 쉴러 Robert Shiller
루이 바슐리에 Louis Bachelier
리처드 해리스 Richard Harris

마리아 미쵸 Maria Michou
마리오 레비스 Mario Levis
마리오 화리나 Mario Farina
마이클 레빈슨 Michael Levinson
마크 레인가넘 Marc Reinganum

벤저민 그레이엄 Benjamin Graham

샌조이 바수 Sanjoy Basu
스티븐 로스 Stephen Ross

안드레이 슐라이퍼 Andrei Shleifer
애스워드 다모다란 Aswath Damodaran
앤서니 볼턴 Anthony Bolton
앨런 그레고리 Alan Gregory

에드 오웬스 Ed Owens
엘로이 딤슨 Elroy Dimson
워너 드 봉 Werner De Bondt
워런 버핏 Warren Buffett
윌리엄 샤프 William Sharpe
윌리엄 스탠리 제번스 William Stanley Jevons
유진 파마 Eugene Fama
이안 M.D. 티틀 Ian M.D. Little

자넷 루터포드 Janette Rutterford
제임스 마가드 James Margard
조셉 피오트로스키 Joseph Piotroski
조엘 그린블라트 Joel Greenblatt
조지프 라코니쇼크 Josef Lakonishok
존 메이너드 케인스 John Maynard Keynes
존 버 윌리엄스 John Burr Williams
짐 슬레이터 Jim Slater

켄 프렌치 Ken French
키스 앤더슨 Keith Anderson

토니 강 Tony Kang

폴 마시 Paul Marsh
프랜시스 니콜슨 Francis Nicholson

해리 마코위츠 Harry M. Markowitz

/ 참고문헌 /

Anderson, K. and Brooks, C. 2006. The Long-Term Price-Earnings Ratio, Journal of Business Finance and Accounting, 33(7/8): 1063-1086.

Anderson, K. and Brooks, c. 2006. Decomposing the Price-Earnings Ratio, Journal of Asset Management, 6(6): 456-469.

Anderson, K. and Brooks, c. 2007. Extreme Returns from Extreme Value Stocks: Enhancing the Value Premium, Journal of Investing, 16(1): 69-91.

Bachelier, L. 1900. The'orie de la speculation. Reprinted in Cootner (ed.) 1967, The random character of stock market prices, MIT Press, Cambridge, Mass., 17-78.

Ball, R. 1978. Anomalies in Relationships between Securities' Yields and Yield-Surrogates. Journal of Financial Economics, 6(2/3): 103-126.

Basu, S. 1975. The information Content fo Price-Earnings Ratios. Financial Management, 4(2): 53-64.

Basu, S. 1977. The Investment Performance of common Stocks in relation to their Price-Earnings Ratios. The Journal of Finance, 32(3): 663-182.

Chan, L.C.K., Karceski, J. and Lakonishok, J. 2003. The Level and

Persistence fo Growth Rates. The Jouranl of Finance, 58(2): 643-184.

Damodaran, A. 2002. Investment Valuation: Tools and Techniques for Determining the Value of Any Asset. New York: Wiley.

Dimson, E. and Marsh, P. 1999. Murphy's Law and Market Anomalies. Journal of Portfolio Management, 25(2): 383-417.

Fama, E.F. and French, K.R. 1992. The Cross-Section of Expected Stock Returns. The Journal of Finance, 47(2): 427-65.

Fama, E.F. and Frech, K.R. 1993. Common Risk Factors in the Returns on Stocks and Bonds. Journal of Financial Economics, 33(1): 3-56.

Fuller, R.J., Huberts, L.C. and Levinson, M.J. 1993. Returns to E/P Strategies, Higgeldy Piggeldy Growth, Analyst's Forecast Errors, and Omitted Risk Factors. Journal of Portfolio Management, 1993(Winter): 13-24.

Graham, B. 1949. The Intelligent Investor. New York: Harper Collins.

Graham, B. 1974. The Future of Common Stocks. Financial Analysts Journal, 30(5): 20-30.

Graham, B. and Dodd, D. 1934. Security Analysis. New York.: McGraw-Hill.

Greenblatt, J. 2005. The Little Book that Beats the Market. New York.: Wiley.

Gregory, A., Harris, R.D.F., and Michou, M. 2001. An Analysis of Contrarian Investment Strategies in the UK. Journal of Business Finance and Accounting, 28(9/10): 1193-1228.

Kang, T. 2003. The Profitability of EP Trading Rule Based on Operating Income. American Business Review, 21(2): 41-46.

Lakonishok, J., Shleifer, A. and Vishny, R. 1994. Contrarian Investment, Extrapolation, and Risk. The Journal of Finance, 49(5): 1541-1578.

Levis. M. 1989. Stock Market Anomalies. Journal of Banking and Finance, 13(SI): 675-696.

Little, I.M.D. 1962. Higgledy Piggledy Growth. Journal of the Oxford University Institute of Statistics, 24(4): 387-412.

Nicholson, S.F. 1968. Price-Earnings Ratio in Relations to Investment Results. Financial Analysts Journal, 24(1): 105-109.

Oppenheimer, H.R. 1984. A Test of Ben Graham's Stock Selection Criteria. Financial Analysts Journal, 40(5): 68-74.

Piotroski, J.D. 2000. Value Investing: The Use of Historical Financial Statement Information to Separate Winners from Losers. Journal of Accounting Research, 38(3): 1-41.

Reinganum, M.R. 1981. Misspecification of Capital Asset Pricing: Empirical Anomalies Based on Earnings' Yield and Market Values. Journal of Financial Economics, 9(1): 19-46.

Ross, S.A. 1976. The Arbitrage Theory of Capital Asset Pricing. Journal of Economic Theory, 13(3): 341-360.

Sharpe, W.F. 1964. Capital Asset Prices: A Theory of Market Equilibrium under Conditions of Risk. The Journal of Finance, 19(3): 425-442.

Shiller, R.J. 1981. Do Stock Prices Move Too Much to be Justified be Subsequent Changes in Dividends? American Economic Review, 71(3), 421-436.

Shiller, R.J. 2001. Irrational Exuberance. Broadway.

Slater, J. 1992. The Zulu Principle: Making Extraordinary Profits from

Ordinary Shares. London: Orion Books.

Slater, J. 1996. The Zulu Principle: Making Extraordinary Profits from Ordinary Shares. London: Orion Business.

Strong, N. & Xu, 1997. Explaining the Cross-section of UK Expected Stock Returns. British Accounting Review, 29(1): 1-23.

부록

FTSE 100 편입 종목 주당순이익과 PER

2012년 2월 21일을 기준으로 FTSE100 지수에 포함된 전체 회사들의 주당순이익(EPS)과 PER 수치들이다. 10년 PER이 표시되지 않은 회사는 10년 치 이익 정보를 구할 수 없거나, 기타 다른 사정으로 이익 정보를 사용하기 곤란한 경우이다. 모든 데이터의 출처는 데이터스트림이다.
(* 한국 독자에게 종목 리스트로서 크게 실용성은 없지만, 일부 본문 내용의 이해를 돕는 차원에서 원서에 수록된 표를 그대로 옮겼다—편집자.)

종목명	주가(펜스)	EPS	과거 PER	10년 PER	전망 PER
ADMIRAL GROUP	1043	81.9	12.7		13.2
AGGREKO	2168	78.57	27.6	65.9	25.1
AMEC	1111	71.9	15.5	28.5	16.4
ANGLO AMERICAN	2715.5	5.06	8.5		8.9
ANTOFAGASTA	1326	79.98	16.6	27.3	16.3
ARM HOLDINGS	582	12.45	46.7	112.4	41.6
ASHMORE GROUP	389.3	28.08	13.9		16.2
ASSOCIATED BRIT.FOODS	1223	73.76	16.6	22.5	14.2
ASTRAZENECA	2841.5	462.21	6.1	12.2	7.4
AVIVA	375.6	77.3	4.9	5.3	7.2
BAE SYSTEMS	320.6	45.5	7	10.9	7.8
BARCLAYS	247.75	25.1	9.9	5.5	8.3
BG GROUP	1480.5	82.75	17.9	29.8	16.2
BHP BILLITON	2080	4.27	7.7		8.5
BP	497.7	135.93	3.7	10.1	7.1
BRITISH AMERICAN TOBACCO	3114	173.7	17.9	30.2	16.1
BRITISH LAND	477.3	29.4	16.2	14.7	16.3
BRITISH SKY BCAST.GROUP	690	45.6	15.1	26.4	14.1
BT GROUP	216	23	9.4	11.0	9.5
BUNZL	908.5	64.18	14.2	21.3	13.8
BURBERRY GROUP	1439	55.7	25.8	51.4	23.3
CAIRN ENERGY	347	0		102.9	5
CAPITA	646.5	46.59	13.9	25.4	13.7
CAPITAL SHOPCTS.GROUP	339.9	20.61	16.5	15.8	21.1
CARNIVAL	1942	2.43	12.7		15.2
CENTRICA	295.7	20.91	14.1	15.7	11.6

종목명	주가(펜스)	EPS	과거 PER	10년 PER	전망 PER
COMPASS GROUP	630	39	16.2	26.8	14.9
CRH	1360	0.69	23.4		21.4
DIAGEO	1483.5	76.29	19.4	24.9	16.3
ESSAR ENERGY	123	13.22	9.3		11.4
EURASIAN NATRES. CORP.	723	1.91	6.3		6.9
EVRAZ	412.7				11.4
EXPERIAN	942	0.7	21.2		18.9
FRESNILLO	1750	1.04	27.5		21.6
G4S	278.6	22.3	12.5	20.7	12.2
GKN	225.5	19.9	11.3	11.3	10.4
GLAXOSMITHKLINE	1413	114.1	12.4	15.9	11.5
GLENCORE INTERNATIONAL	438.35				11
HAMMERSON	395.9	19.8	20	18.5	20.3
HARGREAVES LANSDOWN	481.5	22.5	21.4		20.4
HSBC HDG.(ORD $ 0.50)	579.5	56.49	10.3	11.2	10.7
ICAP	395.8	38.7	10.2	15.0	10.6
ICTL.HTLS.GP.	1423	82.67	17.2		17.5
IMI	966	74.4	13	24.2	12.4
IMPERIAL TOBACCO.GP.	2481	188	13.2	20.5	12.2
INTERNATIONAL POWER	336.2	27.9	12.1	15.8	12.9
INTERTEK GROUP	2238	89	25.1	45.2	21.5
INTL.CONS.AIRL.GP.(CDI)	169.9				13.7
ITV	79.55	8.3	9.6	15.3	11.3
JOHNSON MATTHEY	2333	135.5	17.2	28.1	16.6
KAZAKHMYS	1163	2.97	6.1		6.3
KINGFISHER	277.5	22.91	12.1	16.5	11.4
LAND SECURITES GROUP	683	39.25	17.4	12.6	17.7
LEGAL & GENERAL	121.8	0		13.4	9.3
LLOYDS BANKING GROUP	35.75	0		1.9	14.3
MAN GROUP	134.8	7.64	17.6	5.7	17.3
MARKS & SPENCER GROUP	354.9	33.8	10.5	11.6	10.6
MEGGITT	380.7	29.9	12.7	19.9	12.4
MORRISON(WM)SPMKTS.	295	24.08	12.3	22.1	11.7
NATIONAL GRID	643.5	50.68	12.7	15.9	13.1
NEXT	2767	233	11.9	19.4	11.6
OLD MUTUAL	158	17.2	9.2	12.1	8.7
PEARSON	1218	77.7	15.7	26.4	14.5
PETROFAC	1566	1.32	19.5		16.3

종목명	주가(펜스)	EPS	과거 PER	10년 PER	전망 PER
POLYMETAL INTERNATIONAL	1045				14.4
PRUDENTIAL	715.5	73.2	9.8	13.1	12.5
RANDGOLD RESOURCES	7135	4.13	27.3		17.1
RECKITT BENCKISER GROUP	3578	249.9	14.3	26.0	14.6
REED ELSEVIER	550.5	46.83	11.8	14.7	11.2
RESOLUTION	260.8	479.38	0.5		8.5
REXAM	384.4	34.29	11.2	12.2	10.8
RIO TINTO	3699.5	442.64	8.4	15.5	7.3
ROLLS-ROYCE HOLDINGS	799	48.54	16.5	29.8	14.6
ROYAL BANK OF SCTL.GP.	28.21	0		0.8	15.5
ROYAL DUTCH SHELL A(LON)	2303.5	356.3	7.8		8
ROYAL DUTCH SHELL B	2333.5	290.7	8	12.4	8.3
RSA INSURANCE GROUP	113.6	11.3	10.1	11.5	8.1
SABMILLER	2544	1.7	23.7		19.7
SAGE GROUP	305.6	20.81	14.7	22.9	14.7
SAINSBURY (J)	306	27.27	11.2	15.5	11.3
SCHRODERS	1598	123.1	13	28.3	14.7
SCHRODERS NV	1273	49.3	25.8	26.2	
SERCO GROUP	540	36.9	14.6	27.9	14.3
SEVERN TRENT	1528	104.59	14.6	18.2	17.6
SHIRE	2225	87.74	25.4	52.7	17.3
SMITH & NEPHEW	626.5	74.5	8.4	19.0	13
SMITHS GROUP	1047	92.7	11.3	16.7	11.5
SSE	1291	104.2	12.4	15.6	11.7
STANDARD CHARTERED	1641.5	123.4	13.3	21.2	13.1
STANDARD LIFE	233.9	25	9.4		14.8
TATE & LYLE	699	54.9	12.7	18.0	12.7
TESCO	322.7	33.1	9.7	13.8	9.4
TULLOW OIL	1543	19.22	80.3	144.6	33.6
UNILEVER(UK)	2076	126.12	16.5	19.6	15.3
UNITED UTILTIES GROUP	599.5	34.6	17.3	12.6	16.9
VEDANTA RESOURCES	1453	158.86	9.1		11.9
VODAFONE GROUP	175.8	15.78	11.1	14.6	11.1
WEIR GROUP	2152	106	20.3	48.3	16.6
WHITBREAD	1706	116.52	14.6	22.6	13
WOLSELEY	2419	142.9	16.9	10.1	15.3
WPP	799.5	63.2	12.7	19.2	12.3
XSTRATA	1210	1.97	9.7		10

● 함께 읽으면 좋은 부크온의 책들 ●

책 제목	지은이
현명한 투자자의 재무제표 읽는 법	벤저민 그레이엄, 스펜서 메레디스
워렌 버핏의 스노우볼 버크셔 해서웨이	로버트 마일즈
타이밍에 강한 가치투자 전략	비탈리 카스넬슨
워렌 버핏의 재무제표 활용법	메리 버핏, 데이비스 클라크
앞으로 10년을 지배할 주식투자 트렌드	스콧 필립스
주식투자자를 위한 IFRS 핵심 포인트	한국투자교육연구소
투자공식 끝장내기	정호성, 임동민
고객의 요트는 어디에 있는가	프레드 쉐드
워렌 버핏처럼 열정에 투자하라	제프 베네딕트
100% 가치투자	제임스 몬티어
주식 가치평가를 위한 작은 책	애스워드 다모다란
비즈니스 모델	데이비드 왓슨
워렌 버핏처럼 가치평가 활용하는 법	존 프라이스
안전마진	크리스토퍼 리소길
워렌 버핏처럼 사업보고서 읽는 법	김현준
붐버스톨로지	비크람 만샤라마니
공매도 X파일	데이비드 아인혼
박 회계사의 재무제표 분석법	박동흠
어닝스, 최고의 주식투자 아이디어	김현준, 정호성
바이오 대박넝쿨	허원
경제적 해자 실전 주식 투자법	헤더 브릴리언트 외
줄루 주식투자법	짐 슬레이터
NEW 워런 버핏처럼 적정주가 구하는 법	이은원
이웃집 워런 버핏, 숙향의 투자 일기	숙향
박 회계사의 사업보고서 분석법	박동흠
IPO 주식투자 고수익 내는 법	오승택, 전지민, 이준성
워런 버핏만 알고 있는 주식투자의 비밀	메리 버핏, 데이비드 클라크
현명한 투자자의 인문학	로버트 해그스트롬
돈이 불어나는 성장주식 투자법	짐 슬레이터